DU MÊME AUTEUR

Aux Éditions Gallimard

Z. M., coll. « L'un et l'autre », 2013.

L'Arpenteur

Collection créée
par Gérard Bourgadier

dirigée
par Ludovic Escande

Sophie Pujas

MARAUDES

récit

GALLIMARD | L'ARPENTEUR

À l'aviateur

« De mes états d'âme, la neige est celui que je préfère. »

Jules Renard, *Journal*

AUTOMNE

(20) Rue des Grands-Champs

Parfois la rue m'appelle — manie de solitaire. J'erre — c'est mon vice secret, ma dinguerie, mon ivresse. Je marche, créature de hasard, avide d'égarement, guettant avec amitié la fatigue, la pesanteur du corps comme un étourdissement. Me distraire de moi-même, enfin.

Parfois j'espère que le battement sourd de mes pas provoque un miracle dont je ne saurais dessiner les contours. Je sais que la magie est blottie quelque part. Tout pas est une prière, un appel à l'ange qui sommeille.

Mais le vrai vertige n'est pas là. Il survient quand cesse l'attente, à ce point d'épuisement où l'espoir se tait.

Je prends des bus qui ne vont nulle part, et en reviennent, je colle mon front à leurs vitres comme une enfant aux bizarres caprices, sans jamais élucider le pouvoir de cette ville sur moi. Je marche, marche, marche, comme on s'abandonne à une volonté plus puissante que la sienne.

On peut aimer sans amour, on peut nourrir une ardente passion dépourvue de tendresse, et je n'oserais dire que j'aime cette ville. Je suis subjuguée, sous hypnose.

Dans la rue, je ne suis plus qu'un œil. Je guette la beauté blessée de cette ville violente, je m'abreuve des reflets de son fleuve, de ses néons, de l'éclat syncopé de ses femmes. Ses hommes — aussi.

Je chaloupe de drame en épiphanie. Paris souffre et flamboie, et je ne peux en détacher les yeux.

(6) Rue de l'Odéon

La vie court autour de lui sans qu'il s'en mêle. La ville bruisse à son aise, sans qu'il lui appartienne. Pas de domicile fixe ? La belle blague. Cela fait huit ans qu'il est là. Sur la même bouche d'aération. Fixant la vitre du même café. Les passants vieillissent et meurent. Il est éternel, pris dans une trappe du temps. Le zèle de ceux qui voulaient l'aider s'est érodé. Personne ne songe plus pour lui à un autre destin. Ça lui est égal. Il n'y a jamais cru.

Quelquefois il lance des insultes un peu au hasard. Ça détend, ce vide autour soudain.

Il évite soigneusement de se voir. Pour plus de sécurité, barbe, et cheveux longs. S'il a eu un visage, plus aucune chance qu'il le revoie.

Un jour une femme de sa vie d'autrefois est passée devant lui, dans un parfum violent, et un brusque arrêt du cœur. Assoiffé qu'elle le regarde, il lui a demandé de l'argent, elle a fouillé son sac, un peu trop longtemps. Il avait envie de lui dire : « Tu ne retrouvais jamais rien, tu veux que je tienne tes affaires comme avant, ton maquillage, tes cigarettes ? » Elle a tendu quelques pièces, ses yeux glissant sur lui sans le reconnaître. Bienveillante et lointaine. Son regard était grave et triste, mais qu'y pouvait-il ? Deux créatures à la dérive dans des mondes étrangers, à peine entrebâillés l'un à l'autre.

Il avait été soulagé.

C'était officiel. Il était mort.

(18) Place Saint-Pierre

L'automne a la couleur des promesses. Il est des saisons plus douces, plus lyriques, plus grandioses — je n'en sais pas de plus rêveuse.

Ce matin, le monde lui paraît possible. Presque. Cet entre-deux est spectaculaire. Hier il n'avait jamais eu d'avenir, à peine des lendemains. Aujourd'hui, quelque chose dans la sécheresse dorée de l'air lui donne presque envie de mettre un pied devant l'autre.

C'est une victoire, pour lui, de respirer avec appétit, de se découvrir curieux des courbes qu'épousent les feuilles pour mourir. Presque. Son corps glane de timides joies, des euphories d'une seconde.

Il n'a pas toujours été ainsi — convalescent. Bancal.

Il n'a pas toujours été ainsi — en rade, et condamné à rester là.

Il a suffi d'un matin d'hiver. Il a suffi d'une voiture. Il a suffi d'un bref déraillement du temps, pour que sa femme et son fils... Cela aurait pu être évité de tant de façons. Une infinité de hasards auraient pu modifier ce scénario imbécile et les sauver. Mais la chair humaine ne gagne pas contre le chrome, le bonheur ne dissuade pas les catastrophes de semer leur musique sinistre — il les attire. Jour après jour il tisse et réinvente ces hasards alternatifs qui auraient pu modifier ce scénario imbécile. Petit vélo têtu de l'obsession qui tourne seconde après seconde, parfois à son insu.

Allons, c'est une superbe journée d'automne, une odeur de crêpes et de marrons chauds vient le caresser. Dans sa situation, rien n'est plus traître que la douceur.

Il s'assoit sur un banc, une seconde, quelque chose l'a terrassé, mais il ne sait pas lui donner un nom. Et puis ça lui revient : aujourd'hui le monde est possible, presque. Il faut dompter le monstre. Il se relève. Il est temps d'aller chercher sa fille à l'école. À eux deux, ils inventeront bien quelque chose. Ils pourront même prétendre que cela s'appelle l'avenir.

(8) Parc Monceau

Parfois, elle avait envie de le lécher. De coller sa langue sur cette peau veloutée, de laper la surface duveteuse. Elle ne s'y attendait pas. On pense que les femmes sont prêtes, d'avoir vécu des mois durant dans l'attente, le corps colonisé, sangs et chairs mêlés avec leur enfant à naître. Elle aussi, pensait que pendant ces mois elle s'était préparée à. Qu'elle avait apprivoisé l'idée, et les terreurs, et l'amour à venir. Elle faisait des cauchemars violents, sanglants, charnels. Elle regardait les échographies avec stupeur. Elle n'en pouvait plus d'attendre.

Mais rien n'aurait pu la préparer. À ce moment où elle l'avait touché. Sa peau contre la sienne. Rien n'aurait pu la préparer à ce qu'il soit si minuscule, à la violence de cette appartenance. Cet être, le seul au monde, à qui elle ne pouvait faire défaut désormais.

C'était leur première sortie ensemble, dehors. Le monde était un péril depuis qu'elle était — mère. Elle le tenait contre elle, contre son ventre, dans ce linge enroulé autour d'elle. Partage de chaleur animal et sidérant de douceur. Elle lui décrit, d'une voix qu'elle ne se connaissait pas, les arbres, les fleurs et les passants. Le vert tendre de l'herbe et l'ocre de l'allée. Le froid lui pince la joue et elle décide de rentrer, dans la moiteur de leur tanière heureuse.

(13) Rue Jonas

Il n'en revient pas que le monde soit si vaste. Parfois, il n'y tient plus et il s'y jette. Tant d'années à se réduire à l'espace laissé à portée. Tant d'années à ne pas être en vie. Il a désappris à marcher droit devant lui, comme ses yeux ont désappris la ligne d'horizon.

On ne sort pas de prison. On la trimballe en soi, et cela cliquette et tintinnabule. Pourtant les enfants piaillent et les prunus agitent leurs branches mauves. On ne sort pas de prison. Mais le ciel est immense et les rues sont à lui.

(3) Square du Temple

Les blessures de Paris, à fleur de pierre.

En cette prison le 11 novembre furent incarcérés des lycéens et des étudiants qui à l'appel du général de Gaulle se dressèrent les premiers contre l'occupant (rue de la Santé)

Passant, n'oublie pas qu'en face, au 89 rue de la Pompe, Pierre Brossolette, ancien élève, dans sa librairie, anima la résistance au déferlement de la barbarie en Europe (lycée Janson-de-Sailly)

À la mémoire de l'aviateur français qui choisit ici dans les eaux du fleuve une mort certaine pour épargner Paris (pont de Tolbiac)

Ici deux Français inconnus ont été fusillés par les Allemands le 19 août 1944 (place de Strasbourg)

Passant, lis leurs noms ; ta mémoire est leur unique sépulture (square du Temple)

Les êtres humains n'affichent pas ainsi leurs abîmes, leurs fantômes.

Il faudrait pouvoir deviner, sous le front, tel deuil, au creux des reins, tel grand amour perdu, dans la chevelure, tel regret, pour ne pas ouvrir négligemment des trappes sous les pas de ceux à qui nous parlons.

Le petit blond et le grand rouquin se promènent, ils longent la mare où pleure un saule.

Quatorze ans et mille choses à se dire. Ils ne se connaissent que depuis quelques jours, la rentrée des classes, mais ils se sont reconnus presque aussitôt, l'amitié a de ces coups de foudre. Ils passent sans la voir devant la plaque où sont inscrits ces noms d'enfants assassinés à Auschwitz, quatre-vingt-cinq, et aucun n'avait plus de six ans.

La conversation est en roue libre, vagabonde et joyeuse. Le petit blond parle de sa famille, se plaint d'il ne sait quoi. Soudain, quelque chose tressaille entre eux. On ne peut pas dire un ange, non, c'est bien plus froid, et bien plus en colère.

Ce qu'il a dit, il ne le comprendra pas tout de suite. Seulement dans quelques mois, quand le rouquin lui avouera, un soir, étendus dans la pénombre, lui sur un matelas par terre, son copain dans le lit, après une soirée à regarder un film en parlant du moment où ils choperaient enfin des filles.

J'avais un frère, il avait dix ans de plus que moi, il s'est tué quand j'en avais sept.

Alors le puzzle des silences, de certains regards des parents du rouquin, de toute cette maison où la lumière entrait plus mal qu'ailleurs, tout cela prendrait forme et sens.

Pour l'heure, il se fie à l'instinct, à l'instant, et détourne la conversation, fleuve indocile, à grandes digues de phrases maladroites et salvatrices. Oblige le silence à battre en retraite pour que nul ne s'y déchire.

(16) Rue Eugène-Poubelle

C'est un coin de Paris qui ne ressemble pas à Paris. Des bouts de petits gratte-ciel en construction qui dominent la Seine, une statue de la Liberté en miniature qui garde le pont de Grenelle. On dirait un New York rêvé par un esprit étroit. Ailleurs la ville est de pierre, précautionneuse et grave, ici elle est métallique, scintillante, futuriste. Il se pose sur le parapet, il est en avance. À tous ses rendez-vous il arrive avec ce temps, un temps mort qu'il faut combler, sans laisser s'insinuer l'anxiété du moment qui s'annonce. Un temps de suspension, celui dont les appareils d'aujourd'hui n'ont plus besoin. La modernité a banni la pause. Il est photographe. Il travaille pour une revue de cinéma fameuse. Son métier est de collectionner les êtres. Chacune de ses admirations, il la transforme en portrait, tôt ou tard. Il comprend la patiente avidité des traqueurs de papillons. Son don à lui est d'embellir, de nimber les visages de ces couleurs qui les révèlent, de déceler la folie ou la douceur là où personne ne les avait captées. Il ose beaucoup : mettre un poisson mort entre les mains d'une star, traquer des nudités accidentelles, donner des ordres. Chaque fois, tout se passe très vite. Il aime cette accélération du temps, ne pas avoir droit à l'erreur. Que rien ne flotte ni ne tangue. Il aimerait que la vie puisse être menée ainsi, que chaque seconde compte, que la tension soit permanente, l'inspiration toujours vibrante. Il fume une cigarette, les volutes s'égarent dans le fracas sourd des voitures, jouent dans le ciel gris. Il pense à la première fois où il a vu cette actrice, il était enfant, ou peut-être dans ces années où l'on s'évade de l'enfance, à la lisière d'une nouvelle ère. Ce qui l'avait le plus troublé, c'était ses jambes, et sa voix de contralto, sourde et sensuelle, qui en semblait le prolongement naturel. Elle avait vieilli, mais il espérait lui faire cadeau d'un peu de son désir d'autrefois. Il avait pour les femmes dont la splendeur s'érode une tendresse désolée et protectrice. Elle serait belle, à l'instant où il appuierait sur le déclencheur.

(14) Rue d'Alésia

Les allées des pavillons psychiatriques de Sainte-Anne s'appellent Verlaine, Camille Claudel ou Van Gogh. Etrange logique. Veut-on offrir des modèles de fous qui ont réussi ? Proposer le génie comme échappatoire, consolation in extremis de la vie en faillite ? Pauvre réconfort, presque insultant. Si j'étais enfermée pour avoir perdu le fil de mes jours, si mon esprit s'embrumait et me faisait la guerre, penser à Van Gogh ne me rassurerait pas du tout.

(9) Place de l'Opéra

À la terrasse du Café de la Paix, au pied de la coupole légère et massive et des dorures du palais Garnier, la fille écrit sur un carnet à spirale. On l'appelle souvent mademoiselle, parfois madame, dans les deux cas cela l'agace. Elle n'est pas laide.

C'est un cauchemar familier. Un être est là — homme, femme, enfant, girafe, peu importe. Je vois son âme osciller au bord de ses cils.

L'amour tremble entre nous mais je suis seule à le

voir, éperdu d'être aussi proche. Le voilà presque à bon port, au terme d'un périple exténuant par-delà les mers et les chagrins.

Il me suffirait de tendre la main, de toucher cet être — homme, femme, enfant, girafe, peu importe.

Il me suffirait de faire sonner mon rire, celui-là que je réservais depuis si longtemps pour l'occasion.

Il me suffirait d'affûter mon regard, de le désencombrer de ses palissades de peur.

Il me suffirait — oui, comme cela.

Mais je retiens mon geste, et mon rire, et mon amour.

L'homme, la femme, l'enfant, la girafe (peu importe) s'en vont.

Le moment se détourne de moi, écœuré par ma lâcheté.

Ils ignorent comme j'aurais chéri leurs maladresses, ils ne soupçonnent pas combien nos nuits auraient été belles.

Un autre hasard massacré, une nouvelle rencontre assassinée avant d'avoir éclos.

Elle se lève, s'efforce de sourire aux pataudes tentatives de flirt du serveur, après tout, il est dans son rôle, il semble y avoir entente secrète des garçons de café pour multiplier les manœuvres perdues d'avance, peut-être est-ce leur idée de la politesse, ou alors les statistiques étant pour eux ils tentent à tour de bras en attente de l'aiguille de désir dans la meule de foin des femmes indifférentes, elle s'est toujours posé la question mais n'a jamais osé l'élucider auprès d'un intéressé, l'autre jour l'un d'eux l'a appelée mon oiseau des îles, tout de même, elle se lève donc, la table tressaille et sa tasse vide tinte.

Le bruit résonne dans l'esprit d'un homme qui la suit du regard. Il n'est pas beau, j'imagine. À trente-quatre ans, il perd déjà quelques cheveux, et il serait dans son intérêt de pratiquer un sport. Ses yeux sont bruns, son visage n'a rien de remarquable.

Pourtant, il possède mieux que la beauté, du moins la fille le penserait si elle avait l'occasion, un jour, de partager avec lui une tasse de café et quelques confidences : l'élégance de savoir se considérer avec ironie, un talent inquiet pour guetter les détresses de ceux qui l'entourent, et une capacité illimitée d'amour fou.

D'elle, il a entrevu une cheville, une chevelure, et une promesse de grâce qui un jour, peut-être, s'accomplira alors qu'ils auront tout oublié de ce matin embrumé. Les ruses de la ville pour favoriser ceux qu'elle aime sont innombrables, elles exigent patience et suprême indifférence aux échecs. La ville travaille à la manière d'une mer — comme si le temps ne devait jamais finir.

(12) Square Saint-Éloi

Tout Parisien sainement constitué hait les pigeons, par principe et par vocation.

Ils sont rivaux, prétendants à la possession des mêmes territoires.

Rats, pigeons et Parisiens : les occupants de droit de la Ville Lumière.

Le pigeon, c'est une affaire entendue, a tiré de très mauvaises cartes à la loterie des beautés volatiles. Couleurs douteuses, élégance nulle. Le pigeon parisien, de surcroît, est éclopé, boiteux, éraflé de toutes parts. Il lui manque des lambeaux de patte et on s'étonne lorsqu'à grand-peine il s'envole. Plume à plume il se défait et survivote tant bien que mal, quand ses cousins moineaux, escadrilles triomphantes, sautillent gracieusement, arrachent à la volée les miettes des sandwichs étudiants et posent sur la baleine bleue de la fontaine.

Pourtant, elle aime les pigeons. Ils l'attendrissent. À son âge, elle qui n'avance plus qu'à pas lourds et précautionneux, elle préfère leur maladresse à toute joliesse. Solidarité de vaincus, de laissés-pour-compte. Elle au moins avait été jolie, lèvres rouges et cheville légère. Et depuis son banc, en leur distribuant ce pain qu'elle amenait pour eux, elle s'interrogeait sur ce mystère : pourquoi n'avait-elle jamais vu de bébés pigeons ? Seulement ces adultes, déjà misérables. On en venait à croire à la génération spontanée de la difformité.

Pensive, elle médite le vertige d'une chute que n'a précédée aucune ascension, et envie ces créatures qui ne pouvaient s'endeuiller d'aucun passé glorieux. N'avoir jamais été, le secret était peut-être là.

(11) Rue Oberkampf

La fumée de leurs cigarettes embrume cette fin d'après-midi. Dans quelques minutes le 96 sera là. Avant il ne fumait pas. Ado, ça ne s'était pas trouvé, il était trop sage, trop timoré, il n'avait pas les bons amis. Ils sont trois, ils font des paris sur le nombre de casse-pieds qu'ils vont se coltiner. Vu de l'extérieur, il a même l'air de s'amuser. Il rit. Jaune, mais cela passe inaperçu.

Les clopes, c'est venu avec ce boulot, l'uniforme de contrôleur, les allées et venues d'un bus à l'autre, l'attente. On ne peut pas dire que c'était une vocation. Présentez votre titre de transport, mademoiselle. Vous n'avez pas composté, madame. Veuillez nous suivre, monsieur.

Rien de terrible. Apparemment. Il s'était dit qu'il s'y ferait. Un job stable, une paye qui tombait tous les mois — pas grandiose, mais tous les mois.

Pourtant non. Il ne s'habituait pas. Pas du tout. Chaque fois qu'il montait dans un bus, ça le reprenait. Ce truc qui se logeait au creux de l'estomac, l'attirait vers le sol. Une panique totale, il se demande toujours comment il va la maintenir sous contrôle, faire les gestes, prononcer les mots qu'on attend de lui. Il déteste faire casquer les gens qui n'ont pas un rond, il déteste qu'on parlemente avec lui, il déteste qu'on lui mente, et pardessus tout il déteste se faire insulter. Combien de haine peut-on recevoir chaque jour ? Son métier est d'être détesté, c'est statistique, même ceux qui sont en règle ont de mauvais souvenirs. Il encaisse mal, il a la couenne trop tendre, cette hostilité le ronge, grignote chacun de ses nerfs, l'asphyxie.

Le bus approche. Il jette sa cigarette à moitié grillée sur le sol, l'écrase d'un coup de talon.

Poser sa chaussure sur le marchepied est un acte d'héroïsme.

(6) Jardins du Luxembourg

Le café ressemble à un aquarium, posé au milieu des arbres piquetés d'or et de jaune. La froidure pénètre par les vastes vitres, il voit la peau de la fille se hérisser. Il lui semble qu'elle a tremblé, mais peut-être qu'il a inventé ce frisson comme un écho de son trouble.

Voilà. Il est parvenu à l'attirer ici, en séchant la perm, elle est assise en face de lui, immobile, silencieuse. Il ne sait que lui dire. Il torture la paille de son coca. Cela fait des mois qu'il espère le moment d'audace qu'il a eu tout à l'heure. Des mois qu'à la sortie du lycée il la guette, des mois qu'en cours il observe sa nuque.

Elle est fragile, fine, rousse. Elle a les yeux d'un vert qu'il n'a jamais vu nulle part.

Elle a coloré ses ongles d'un vernis qui s'écaille. Elle a un bouton à la commissure d'une lèvre. Il essaye de se servir de ces détails pour neutraliser sa perfection — rien à faire. Il a envie de la toucher, toucher ses ongles, le bouton, il sent que la peau de cette fille, quand il l'aura frôlée, lui dira qui il est.

Il sait, il se dit, maintenant il faut lui parler. Le silence se glisse entre eux comme une nouvelle vitre, comme dans ces labyrinthes de verre où l'on se voit sans pouvoir s'effleurer.

Quand il lui a proposé d'aller prendre un verre il a épuisé son courage. Il n'a jamais imaginé grand-chose entre le moment où il oserait, et celui où il l'embrasserait, et puis, bien sûr, tout le reste, tout ce qu'on peut rêver avec une fille entre ses draps ou sous la douche, et puis pendant le cours de M. Robert, quand l'esprit part en vadrouille. Son corps est seul depuis toujours, il faut qu'elle brise le sort, le sauve.

Il ne s'était jamais rendu compte de toutes les étapes entre les deux, qu'avant qu'une fille vous embrasse, sûrement il fallait lui faire la conversation, la faire rire, l'intéresser, quelque chose. Pourtant, en groupe, ils se parlaient, il se souvient même qu'il plaisantait et que ses yeux lui souriaient.

Le problème — il ne l'avouerait jamais —, le problème — il est quand même en seconde, quinze ans, quelle honte —, c'est qu'il n'a jamais embrassé une fille.

Elle tente quelques phrases, il répond à côté, le morne silence reprend.

« On y va ? » dit la fille, et les murs de l'aquarium tremblent, vaincus, désespérés.

Elle se lève et sourit comme à une idée connue d'elle seule, et il pourrait jurer qu'elle brille.

« Si on allait au cinéma ? » elle dit encore.

Il se lève, condamné gracié face au peloton.

Plus tard, dans l'ombre bienveillante, après d'infinies luttes, des batailles et des reculades intérieures d'épiques proportions, il posera sa main moite sur la sienne qui ne le sera pas moins. De longues minutes plus tard, il esquissera vers ses lèvres un mouvement de tête techniquement contestable mais qu'ils seront tous deux trop dépourvus du moindre point de comparaison pour ne pas voir comme un baiser. Ils apprendront, ensemble, pas à pas. Il ignore que dans quelques mois elle lui brisera le cœur avec une infinie douceur et bien trop de tendresse.

Il ne sait pas que c'est le dernier jour de son enfance.

(5) Rue des Ursulines

À trop vivre parmi les hommes nos propres contours nous deviennent flous. Leurs faiblesses nous entravent, leurs détresses nous asphyxient. Leurs médiocrités nous rongent.

La ville pénètre en nous et nous désagrège. Nos nerfs résonnent dans ses fils électriques, nous nous époumonons dans le rugissement de ses voitures.

Quand il arpentait le pavé parisien, Luc Dietrich, l'enfant perdu qui chantait le bonheur des tristes, avait le sentiment de cheminer parmi les débris de lui-même. Démembré par les mannequins des vitrines, éviscéré par les étals de boucherie.

Se protéger de cet écartèlement est une tâche difficile. Retrouver en soi les territoires du silence.

Nous sommes fragments de la capitale, pièces de son puzzle, enfants de son vacarme.

(2) Galerie Vivienne

Quand elle sort du bureau, elle fait un détour pour la regarder. Dans la vitrine du dépôt-vente, on ne voit qu'elle. Rouge vif. Fendue. Une robe féroce. Elle aimerait être la femme — tapageuse, flambeuse, et si sûre d'elle — capable de s'y glisser. Mais entre ses heures de secrétariat et son ventre qui gagne du terrain, inutile d'y penser. Elle n'a pas à se plaindre. Elle aura passé sa vie à l'abri des orages. Ni lames de fond ni catastrophes. De la chance, vraiment.

Chaque fois qu'elle regarde cette robe, c'est agaçant, elle se souvient du geste le plus bizarre de sa vie, ce baiser à un presque inconnu, il y a des années. Elle s'était donné bien du mal pour ne pas le revoir. Gris. C'était la couleur de ses yeux. Un regard égaré, pétillant et désespéré — il y avait grand danger avec cet homme. Dieu merci, elle avait été raisonnable.

Elle n'est jamais entrée demander le prix, à quoi bon. Chaque soir, elle a peur qu'elle n'ait disparu. Et avec elle, sa si parcimonieuse part de rêve.

(15) Pont Mirabeau

Pour comprendre à quel point une ville peut changer de visage en quelques secondes.

Passer de la grisaille dorée d'un matin d'automne au déluge le plus carnassier.

Passer d'une presque douceur à un froid venimeux.

Passer du sourire d'une fille, si jeune, si jeune, au regard jeté d'un passant méprisant.

Passer d'un café chaud à la faim qui ronge le ventre comme un acide.

Il faut être la lie de la rue, le peuple invisible des jetés-pour-compte.

Vous pouvez vous calfeutrer, quand la ville frémit et se transforme, rentrer chez vous, trouver le refuge chaud d'un café, appeler celle que vous aimez.

Vous n'imaginez pas comme ils sont violents, vos téléphones.

Le difficile n'est pas d'en avoir un. On en trouve, vous êtes si maladroits, si prompts à tout égarer.

Ce n'est même pas de le mettre en état de marche. Tout est prévu pour grappiller des miettes sur ceux qui n'ont rien, cartes à recharger, sou par sou, pas même besoin de compte en banque.

Mais des voix à appeler.

Ces créatures magiques qui répondent à votre désir, daignent vous laisser les informer que vous êtes allé ici ou là.

Ces voix, il faut une vie pour les gagner, un instant pour les perdre.

Vous ne le soupçonnez pas, mais ces voix — grommeleuses, oui, enrouées, mécontentes souvent — sont votre bien le plus précieux.

Il pleut, mais il n'y prend pas garde.

Sans rage, il donne un coup de talon sur le téléphone trouvé sur un banc quelques instants plus tôt, qu'il a jeté par terre, et qui s'obstine à sonner. Le silence se fait. Les gouttes d'eau lui poissent le visage. Il ne sait même plus qu'il a froid.

(6) Rue Servandoni

C'est un gosse des villes. Ses parents s'attachent à lui montrer les bribes de nature qui arrachent au bitume une part de sauvagerie, il s'y accroche, rêve. La vigne vierge de leur façade, et ses verts extravagants, ourlés de pourpre. La mare japonaise secrètement cachée derrière le Grand Palais. Les canards bleutés du jardin des Tuileries. Les crues qui rappellent que la Seine est fleuve soumis à caprices et non docile décor. Le froid velouté de la neige. Les lémuriens du Jardin des Plantes, les corbeaux du Luxembourg et les vautours de la Grande Bibliothèque. L'enfance a ce pouvoir souverain, s'abîmer tout entier dans une seconde, s'y perdre, s'y tailler l'infini. N'être plus que contemplation.

Dans la cour de leur immeuble, il vient de trouver une toile d'araignée. Comme chaque fois, il n'en revient pas de l'exquise délicatesse de l'ouvrage, de tant de précision et d'efforts pour une chose si facile à saccager. Au centre du labyrinthe, la bête veille. Il pense qu'il est géant et monstre tout-puissant. Il retient son geste.

Il existe, au Museum d'histoire naturelle de Bâle, une libellule fossilisée depuis quatre cents millions d'années. Mettons cela au nombre des actes de résistance. Le fragile et le minuscule ne sont pas sans armes. La beauté peut survivre à ce qui la menace.

(10) Rue de Paradis

Le chagrin est une addiction puissante et longtemps, il a été malheureux. Cela a commencé tôt, enfance froide, faite d'arrachements et de tendresses jamais vraiment payées de retour. Jeune homme, les femmes ne l'ont pas trouvé beau, et il ne parvenait pas à leur donner tort. Il n'avait aucune ambition et a été servi. Il vivote dans un bureau et occupe un poste dont il ne peut amorcer la description sans aussitôt perdre l'attention de son interlocuteur. Il pataugeait dans la mélancolie comme un gardon dans une mare, s'en repaissait.

Mais depuis quelques semaines, il ne sait pas ce qui lui prend, il se sent joyeux. Souvent. Rien n'a changé dans sa vie pourtant, aucune révolution, aucun fracas. C'est comme un glissement, une chute à contresens.

La transparence qui semblait son état naturel depuis toujours se dissipe par instants. On le regarde, on lui parle. Comme s'il était expulsé de lui-même, comme si l'ordre ordinaire de la vie avait dévié.

Au début, il a trouvé ça inconfortable, et même un peu agaçant.

Et puis, en homme d'habitude, il s'y est fait. Il commence même à y trouver son compte.

Aujourd'hui, quand il est sorti du bureau en même temps que sa collègue, la délicieuse Mlle D., elle lui a souhaité un bon week-end.

Il envisage, un jour prochain, de lui offrir un café.

(19) Avenue Jean-Jaurès

La tour étrange du gymnase Laumière, minaret de brique rouge. Vaste bâtisse striée de métal vert d'eau et aux longues baies vitrées.

Il sort de sa leçon d'escrime. Il aime l'épée parce que quand elle le prolonge, ses quatorze ans, sa maigreur d'insecte monté en graine trop vite (pourquoi faut-il que son cou soit si long), les silences dans lesquels il s'empêtre et se perd, rien de cela ne pose de problème. Il peut même se mesurer à plus costaud que lui. Être agile, vif-argent, guider le corps à la vitesse de l'esprit.

Apprendre à se battre. Avec élégance, avec aplomb. Pas comme au collège, quand on se fout de lui. Son problème, c'est qu'il n'est jamais de son propre camp. Trop enclin à penser contre lui, à se donner tous les torts. Quand on ricane autour de lui, dans les couloirs, il comprend. Lui aussi se trouve toujours ridicule, mal fichu, rien à foutre là. Un temps de retard sur tout, ahuri, mal fringué.

Son maître d'armes l'a dit pourtant. Il ne faut pas voir l'autre, rester concentré sur son attaque, l'adversaire n'est qu'une silhouette à traverser, une simple forme à fendre, sans visage derrière le masque.

Ce qu'il faudrait, c'est apprendre à cultiver sa colère. Comme un muscle, ou une bête dont la sauvagerie exigerait d'être encouragée. Pour l'instant ce n'était qu'un chaton, un petit animal chétif, trop vite effarouché, que personne ne pouvait prendre au sérieux. Un jour il lui faudrait rugir comme un tigre.

(4) Quai d'Anjou

Paris se prête généreusement à la flânerie comme à l'errance. Il y a gouffre entre les deux.

Il erre, depuis — il ne sait combien de temps. Des kilomètres, qu'il fait chaque jour.

L'île Saint-Louis est morte, cela lui plaît, cette ville fantôme au cœur de la ville. Pas besoin de se forcer pour ne pas exister, si peu de regards à affronter. À peine deux rues à éviter, et pour le reste — un désert de pierre qui se mire dans l'eau du fleuve.

Il lit les annonces sur la porte d'une boulangerie où il n'entrera pas. « Jeune fille, insulaire depuis toujours, cherche baby-sitting. » Une jeune fille, il y a de quoi rêver, et insulaire encore, cela vous a des petits airs de flibuste. Il espère qu'elle est blonde.

La fenêtre éclairée d'un hôtel particulier l'affole. Un émir, peut-être, il l'a lu dans *Le Parisien*, un matin. Il n'aime pas les fenêtres qui brillent dans le crépuscule.

(9) Rue Papillon

Comme le désir est étrange, se dit-elle quand leurs lèvres se séparent et qu'elle scrute ce visage. Une seconde avant elle n'y pensait pas. Elle l'avait rencontré ce soir, un verre avec des amis. Elle avait remarqué, sans doute, cette délicieuse façon qu'il avait de sourire, d'une seule petite lueur ironique au coin de l'œil, qu'il avait bleu, ou peut-être vert, elle n'était pas bien sûre. Elle savait que sans doute, elle avait ri à ses plaisanteries un peu plus haut que nécessaire. Quand il était parti en même temps qu'elle, elle n'en avait pas tiré de conclusions, elle était habituée aux lentes approches, aux frôlements, aux demi-mots, et d'ailleurs très rarement elle comprenait quand elle plaisait à un homme. Ces temps-ci elle ne voulait pas d'une histoire d'amour, cela finissait toujours en saccage, par moments on se lasse d'avoir joué tous les rôles de ce maigre théâtre. Mais le danger cette fois ne semblait pas bien grand, il y avait chez lui quelque chose de péremptoire, d'assuré, et elle avait toujours été émue par les fragiles, les malhabiles. Il marchait à ses côtés, ils parlaient de choses sans importance et soudain il lui avait dit pardon, mais j'ai très envie de t'embrasser. Pas même le temps de se dire combien cette phrase avait dû servir déjà, elle était dans ses bras, étonnée de sa propre hâte, et cet inconnu lui faisait don d'un peu de sa merveilleuse légèreté, de sa si douce indifférence. L'instant était parfait et n'avait pas besoin d'avenir.

Oui, comme il était étrange qu'en dépit de tout, il n'existe pas au monde beaucoup de magies plus puissantes que d'embrasser un être pour la première fois.

(13) Rue Watt

Il donne un coup de pied contre une poubelle, de toutes ses forces. Il crie, un son étrange, farouche, blessé lui monte du gosier, se déverse dans la rue froide.

Faibles signes de l'étrange colère qui joue au ping-pong sous son crâne. On le regarde, et après ? Qu'ils regardent. Était-ce un spectacle tellement étrange que la détresse d'un type, mais où vivaient-ils, tous ?

Il ne sait pas pourquoi il est dans cet état.

Il comprenait trop peu ce qui lui arrivait pour se confier à quiconque.

De toute façon. Il n'avait. Jamais. Voulu d'enfant. L'enfance était un mauvais souvenir qu'il n'aurait souhaité coller à personne. Le petit garçon en lui n'avait pas épuisé sa rage. C'était bien trop risqué. Et puis, se compliquer la vie, à d'autres.

Cela avait parfois posé problème. Quelques femmes. Qui se seraient peut-être attardées davantage.

Elle aurait été la dernière à lui donner l'envie d'être père. Quand elle lui avait annoncé qu'elle était enceinte, qu'elle le gardait, il avait eu l'impression d'un coup qu'on lui donnait sur la tête. Anesthésié. Otage. C'était il y a une semaine. Il lui avait dit qu'il l'aiderait. Parce que c'était l'idée qu'il se faisait de lui-même. Assumer. Pas d'enthousiasme, c'est vrai, mais l'idée grandissait en lui, comme un objet au creux de sa main dont il aurait caressé les contours, heure après heure, pour s'y habituer.

Et puis, aujourd'hui, ce coup de fil. Elle avait avorté. Cette histoire n'avait jamais été la sienne au fond, puisqu'elle pouvait ainsi l'en expulser. Ce que tu voulais, avait-elle dit. Un vertige l'avait pris.

Ce n'est pas un deuil, peut-être pas même un regret. Une stupeur. Il titube.

(17) Place de Clichy

Plus on vieillit et plus les rues sont peuplées de fantômes. Des fantômes sournois, fragmentaires, fugueurs à peine repérés. Ici une chevelure, là un sourire, l'ombre d'une silhouette autrefois familière. Le temps d'une palpitation, d'un coup au cœur, et le monde se réajuste, la réalité reprend les rênes et ses droits souverains, lesquels ne sont pas amicaux. On se souvient que cet enfant a vieilli, que cette femme est morte, que cet ami depuis longtemps sans doute a abandonné la forme sous laquelle nous saurions le reconnaître, comme une vieille peau.

Je me souviens de cet homme.

Je le regardais, à m'y noyer.

Il ne comprenait pas. M'interrogeait, pourquoi tant me regarder, mystérieuse il me trouvait, du moins au début, avant que tout ne soit consommé et brisé, mais ceci est une autre histoire. Je n'osais lui parler de sa beauté, trop de femmes déjà, trop de femmes avant moi.

J'aurais pu lui dire pourtant que rien ne me fascine davantage qu'un visage. C'est pour cela, cet amour immodéré, glouton, du cinéma. Y scruter les autres à l'infini, en toute impunité. Gros plan sur les peaux offertes et les yeux en embuscade.

Rien ne me trouble plus que la mouvance d'un visage, ces vagues qui refluent et métamorphosent, et soudain surgit ou se dissipe la beauté. De près un visage est une terre inconnue, comme ces mappemondes anciennes où sommeillent des monstres improbables. Lorsqu'il change d'échelle un œil est un ciel trouble.

Je suis terrifiée à l'idée de ces temps anciens où l'on naissait dans un village pour ne connaître, à jamais, qu'un nombre limité d'êtres, les mêmes traits, et aucune possibilité pour la merveille d'une nouvelle apparition, ou si peu.

J'aurais pu lui dire que je collectionne les

visages, ces flammes, qu'ils me stupéfient, tous, chaque fois, et le sien que je désirais, le sien qui me brûlait, plus que tous les autres réunis.

Mais cet homme me rendait muette, l'excès d'amour m'abêtissait, je me retrouvais petite sirène, incapable des mots qui l'auraient retenu, séduit, amusé, que mon corps à donner, et tant de plus jolies que moi, presque muette, bien sûr, la vie n'est pas un conte, juste assez peu muette pour quelques mots banals, jusqu'à ce qu'il s'ennuie et parte, moi aussi je suis sauvage au fond, si longue à apprivoiser.

Cet homme avait passé très vite dans ma vie mais le temps n'est pas à la mesure de nos cœurs, et de ce peu de jours blottis dans son ombre il m'était resté une entaille, du genre que l'on chérit et caresse les soirs de brume.

L'autre jour j'ai cru à son pas souple dans la hâte d'un passant, le cœur m'a manqué, déjà je défaillais. Cette fois tout serait différent, je serais — une autre ; je serais — moi-même enfin. Et puis.

Non.

Finalement non. Pas lui, bien entendu. Juste un autre de ces types qui m'a souri, l'imbécile, et de quel droit.

Notre vie n'est que cela. Cette foi incessante en un miracle qui un instant semble à portée de cœur. Le temps d'y croire et l'on a compris son erreur. Mais il existe une seconde merveilleuse. Le bonheur se loge dans l'instant fugace de l'illusion bienheureuse.

C'était, je me souviens, place de Clichy, un jour balayé de feuilles de fin d'automne, un jour lacéré de gris.

(1) Rue de la Grande-Truanderie

C'est une jolie folie que la sienne. Déjà quinze ans que certaines nuits, il sort en contrebande, rôdeur, clandestin.

Il part à minuit, pour revenir aux petites heures s'effondrer chez lui ou dans son atelier.

Sa voiture, une échelle, du ciment, une truelle.

Il pose sur certains murs de petites créatures en céramique. Une invasion au long cours, joyeuse, généreuse. Ils sont plus d'un millier maintenant à hanter la ville. Quand il passe dans les rues, il les sent qui l'accompagnent.

Il a repéré ce spot depuis plusieurs mois, il attendait l'heure propice. La nuit est noire et veloutée à la lueur d'un réverbère. Il sort ses carreaux, ses outils. Se met au travail. Il faut faire vite.

Il y a toujours le risque d'un propriétaire acariâtre, d'une ronde de police malencontreuse. Alors il faut s'expliquer, interloquer. Certains flics le laissent faire, il les amuse et puis eux aussi sont des arpenteurs au fond, des scrutateurs de la ville, d'autres l'embarquent pour une nuit au poste, on ne sait pas à l'avance, et cela fait partie de son jeu sans doute.

Un carreau tombe, se casse, c'était le dernier de la couleur prévue. Il s'empare d'un autre, cela n'est pas grave, il aime l'accident, ce qui dérape, ce qui s'invite et s'invente sans avoir été sonné. Ses extraterrestres aussi vivront au rythme des hasards, des façades repeintes ou des voleurs, quelques jours ou des années, qui sait, il les confie au sort, non sans peur, ses enfants si fragiles.

Demain, dès l'aube, les passants attentifs, ceux qui savent lever les yeux au ciel et bayer à la lune, verront l'étrange cadeau qui leur a été fait. Qui le temps d'une parenthèse peut-être, ou pour des années, aura changé le visage de la ville.

HIVER

(19) Canal de l'Ourcq

Jamais je ne passe près du squelette de fer rouge des anciennes halles de la Villette sans penser à ma grand-mère qui, adolescente, venait chercher là des baquets de sang. Elle était partie de Beauce, une terre interminable dont elle ne garda jamais nulle nostalgie, vie paysanne, vie rude, à l'ombre d'un père que la Grande Guerre avait coupé du lait de la tendresse humaine, s'il l'avait jamais éprouvée. Elle était douée, avait passé son certificat d'études, mais il avait décidé de l'envoyer travailler à Paris à treize ans. Crémière ou charcutière, avait-il décrété. Deux idées qui la rebutaient tout autant. Elle pensa qu'il avait proposé crémière d'abord pour l'inciter à vendre des fromages plutôt que des jambons, elle choisit charcutière. Pour l'emmerder, racontait-elle souvent. Minuscule sédition de l'impuissance.

Elle était maigrelette, chétive, il fallut attendre un an encore pour être embauchable. Elle dormit avec des cafards, s'épuisa à manipuler de lourds rideaux de fer, dut demander la permission à ses patrons pour emprunter des livres à la bibliothèque.

À la Villette, elle avait peur des hommes qui la plaisantaient et le sang acheté pour faire des boudins la dégoûtait.

Mais elle avait cette détermination qu'il me plaît de nommer bravoure.

Quelques années plus tard, elle passa un concours et trouva un emploi de bureau.

J'aime penser que se cache en moi un peu de son courage, et que le murmure perdu de son histoire court en silence dans les rues de Paris. Tant de vies glissées dans l'oubli qui ne survivent plus que dans quelques cœurs fidèles. Une ville est aussi tissée de ses mémoires mortes.

(5) Rue Buffon

Tous les matins, elle lui fait signe en passant. Elle a le cartable sur le dos, des chaussures bien lacées et les nattes soigneusement tressées. On lui dit toujours qu'elle est légère, légère, légère, qu'elle va s'envoler au premier coup de vent un peu sérieux. Son papa aime lui dire ça, et aussi son oncle Mathieu, celui qui a la barbe qui pique. Ça ne la fait pas trop rire. Mais il ne faut pas faire remarquer aux adultes les insuffisances de leur sens de l'humour, ça les énerve et les conséquences sont imprévisibles.

Elle a beau être légère, plume, papillon, quand elle lui fait signe, elle se sent encore plus minuscule. Une virgule dans la rue, une esquisse de petite fille. Il est immense, il la regarde depuis la grande fenêtre boisée du Muséum d'histoire naturelle. Le diplodocus, son squelette élégant qui surveille la rue. Tous les matins, ils se parlent. Elle lui demande conseil pour passer le temps pendant les interminables leçons de géographie de la maîtresse. Elle lui explique comment elle s'y prendra pour gagner son tournoi de beyblade, et comme il ne sait pas ce que c'est, elle lui décrit les toupies qui tournent, tournent, presque à l'infini pendant la récré, se heurtent aux îlots creusés par les racines du marronnier de la cour de l'école.

Elle l'appelle Dido. Il lui raconte les histoires du temps de sa splendeur, quand l'Univers n'était pas à la même échelle, le monde était vert et marécageux. Un peu cruel aussi, mais Dido était une créature hautement pacifique, nourrir sa grande carcasse l'occupait à temps presque exclusif. Elle, elle n'en finissait plus d'être une enfant. Elle se demandait si cela existait vraiment, de devenir adulte, ou si les jours d'école et les trajets le cartable à la main l'enfermeraient pour toujours. Un jour, quand elle s'ennuierait trop, Dido viendrait à son secours. Il s'ébrouerait, et très doucement, très lentement, il sortirait par la fenêtre qui volerait en éclats de cristal. Elle grimperait sur son cou et ils se promèneraient dans Paris, longtemps. Un jour, bientôt. Pour l'instant, il lui suffisait de savoir qu'il l'attendait. Elle était forte, tant qu'il était là, chaque matin, à la saluer en silence. Sa mère la tira par la main.

(3) Rue aux Ours

Il avait toujours aimé les femmes silencieuses. Celles qui ne vous encombraient pas de piailleries, cultivaient leurs mystères.

Chaque matin, il passait avec elle quelques minutes délicieuses. Son mutisme n'était pas le moindre de ses charmes. D'elle, il savait chaque merveille. Le lac incertain des yeux, de cette nuance rêveuse entre le vert et le bleu, des yeux pers, comme une déesse grecque. L'arc pâle des lèvres.

Il aimait s'égarer en ce visage comme dans une faille du temps.

Bien sûr, beaucoup auraient estimé qu'il attendait trop peu de la vie, mais cette femme le rendait heureux.

Chaque matin, pendant six minutes, parfois sept, il constatait que la perfection était de ce monde.

Cela adoucissait les contours de la journée, l'ennuageait de joie.

Puis l'affiche fut remplacée par une publicité pour du rouge à lèvres. Une petite garce aguicheuse. Une usurpatrice de bas étage.

Depuis, les matins sont sans âme.

(14) Rue Delambre

Sur l'étal, les huîtres, chairs visqueuses à l'abri de leur rocaille nacrée. À côté, une langouste navigue précautionneusement dans les eaux mesquines d'un aquarium, parmi les algues vagues.

Chaque jour, il passe devant, lui qui se nourrit des boîtes de maquereaux moutarde des associations, de la soupe populaire et de ce que les passants veulent bien lui donner. Ce n'est pas qu'il ait faim. Il a appris comment faire. Mais ce souvenir, quelque part en lui et qui frappe, ce souvenir que dans une autre vie, parfois, manger a été une fête. Le goût de la chair blanche, sous la carapace de corail, il ne l'a jamais connu. Il s'interroge. Les huîtres, oui, parfois. Repas de famille, images interdites. Parfois, il s'y vautre, mais pas aujourd'hui. Il regarde les antennes de la bête s'agiter, profites-en, petite, gambade, l'épuisette n'est pas loin.

À portée de main, ces garces de langoustes, ces saloperies d'huîtres. Personne, pourtant, pour cueillir une coquille, plonger une paluche dans l'eau. Personne pour détruire à coups de masse la vitrine des restaurants où l'on s'empiffre. Foutre le bordel un bon coup.

Tant de docilité est stupéfiante. Rien à perdre, et malgré tout tenir son rôle. Rester à sa place. Un jour, sûrement. Un jour il craquera. Et pourtant lui aussi continue sa route, son maigre rituel de rues toujours identiques. Tout à l'heure, il racontera à une fille de l'association qui passe ce soir-là qu'il a chapardé des huîtres. Il aime bien ses yeux, leur petite flamme douce, et la façon dont elle l'écoute, à hauteur d'homme. Elle n'y croira pas beaucoup plus que lui mais ça leur fera plaisir quand même. Et pour une seconde le souvenir de l'iode passera sur ses lèvres.

(15) Rue Brancion

Plus on croit au hasard, plus il est généreux.

Chaque samedi, il arrive de bonne heure, pour voir les bouquinistes déballer leur stock. Depuis le temps qu'il fréquente le marché Georges-Brassens, ils le connaissent tous, ils le laissent farfouiller à son aise, aussi longtemps qu'il lui plaît. Il a pour les livres un instinct de chasseur amoureux. Sans les envois, les veaux estampés et les reliures anciennes, sa retraite serait morne. Grâce aux bouquins anciens, il est un chercheur de trésor, un traqueur d'impossible.

La neige drape Paris dans une torpeur blanche. Malgré le froid, il a tenu à faire sa tournée d'inspection.

Et aujourd'hui, il tient son miracle.

Quelle intuition a guidé sa main vers un ouvrage qui ne payait pas de mine, deux cents pages peut-être dont la brochure souffreteuse se délite un peu? Le titre l'a fait sursauter. *Mirely ou Le Petit Trou pas cher*. Anonyme. Tous les bibliophiles tiennent leur catalogue mental d'introuvables et de livres fantômes. Il n'avait jamais vraiment cru à ce roman érotique qu'Apollinaire clamait avoir écrit vers 1900. Pure imagination, comme *La Légende de Novgorod* de ce brave Cendrars, pensait-il. Pourtant il le serre entre ses mains.

Le voilà fébrile. Il feuillette en feignant l'indifférence. Sur la page de titre, un prix : deux euros. Il tend négligemment une pièce au bouquiniste rougeaud, transi de froid, et emporte son butin. C'est une journée de grande victoire.

(5) Rue Soufflot

Je n'ai guère une âme de propriétaire. Comme je ne prête aux objets qu'une attention distraite, ils se vengent et fuguent. Je les comprends. Je n'aimerais pas non plus être traitée avec désinvolture. Les lieux (supposés) de leurs départs dessinent la carte de mes trajectoires.

Un bandeau pour cheveux, en laine blanche à bordure dorée, au Louxor, palais du cinéma.

Une boucle d'oreille à perles violettes, près d'Anvers.

Des lunettes (souvent ; je ne comprends jamais où et mets des jours à me résigner à l'inéluctable en me brûlant les yeux).

Parfois ils reviennent, indulgents. M'attendent en enfants sages sur les lieux de leur abandon. Je cours vers eux en me maudissant, le souffle court.

Une robe à paillettes, dans un bus. Mon téléphone, souvent, dans divers cafés. Mes lunettes, toujours elles, à la terrasse d'un restaurant italien. Une boucle d'oreille en pierre de volcan, sur les pavés du bord de Seine. Un foulard rouge sur les marches du Panthéon.

À bien y regarder, la mansuétude du monde

l'emporte. Un dieu veille sur les étourdis — mais comme de juste, il a des absences.

C'est pourquoi, quand je croise une chose perdue, je tente d'organiser son sauvetage, la confie à qui de droit. Certainement pas par gentillesse, comme l'imaginent mes amis. Pour amadouer le sort.

Je ne compte pas les livres, qui vont et viennent selon leurs caprices propres, et dont jamais je ne cherche à contrarier les lois.

Quand on n'a pas de tête, il faut avoir des jambes, disait ma grand-mère en ces circonstances. Je n'y voyais pas un reproche, plutôt un réconfort : tant pis pour mes failles, les solutions existaient. Les jambes pour galoper me sont plus que jamais précieuses. Quant à la tête, je ne suis pas certaine qu'elle soit davantage au pouvoir que dans mon enfance.

(9) Rue Notre-Dame-de-Lorette

Depuis qu'il a quitté la Sicile pour Paris, il ne sait pas pourquoi, dès qu'il se trouve à un arrêt de bus, il regarde autour de lui ses compagnons de brève attente et se demande lequel va mourir en premier. C'est une manie dont il ne peut se défaire, une folie sans furie dont il n'ose parler à personne. Cinglé, psychopathe à la petite semaine, prophète du dimanche, se sermonne-t-il. Rien n'y fait : il continue. Aujourd'hui ça ne manque pas. Ils sont quatre : une vieille dame pomponnée, un type à attaché-case, une brune aux yeux charbonneux et un ado à l'air inhabituellement joyeux pour son âge. S'il s'était fié aux probabilités, son aiguille mentale aurait pointé vers la vieille. S'il avait écouté ses sympathies, vers l'attaché-case — jamais pu encaisser les gueules de bureaucrates. Mais ce n'était pas une histoire de pari, ni de choix. Depuis qu'il se prêtait à ce jeu étrange, chaque fois la réponse qui avait surgi, immédiate, sans appel, l'avait surpris. Aussi inexorable qu'une vérité scientifique, aussi glaciale qu'une certitude. Aujourd'hui, la réponse s'imposa à lui dans un sursaut sans fièvre et qu'il ne chercha pas à combattre. D'entre tous, il était celui qui devait mourir le premier.

(6) Rue Jacob

Le hasard est un artiste délicat. Il suffit de cette vitrine pour s'en convaincre. Sur les étagères, seulement des paesines, venues des carrières d'Italie. Ces pierres qui lorsqu'on les ouvre révèlent des paysages grandioses ou gracieux. Avant d'être taillées, on pourrait les prendre pour le caillou le plus vulgaire, et on ne sait à l'avance ce qu'elles dissimulent. Des mers qu'aurait pu rêver Hugo ou des montagnes graves. Des ports et des tempêtes. Les ébénistes de la Renaissance en ornaient leurs ouvrages. Mais elles se suffisent à elles-mêmes, tableaux miniatures, petits éclats de nature dans la rue cossue et froide.

Elles murmurent que regarder est un art, un acte lourd de périls et de responsabilité, puisque chacun, les contemplant, tombera dans ses propres territoires intérieurs, tissés de pièges, d'impasses et d'exaltations.

(1) Place du Châtelet

Sous les banderoles, le découragement gagne. Ils sont une poignée. Clique hétéroclite de la coordination des sans-papiers. Cuisinier bengali, balayeur togolais, vendeur de rose pakistanais. Pas de slogans, pas de cris, seulement la fatigue d'être là. La lassitude, poisseuse, glacée, étouffante. Certains se sont assis sur la fontaine à sec. Pas de colère, seulement de la tristesse. Pas même un adversaire à combattre. Ils attendent.

(13) Rue Anouilh

Dans les premiers temps, des centaines d'étourneaux venaient mourir contre les tours de verre de la jeune Bibliothèque nationale, fracassés, étourdis de lumière et de transparence. Quatre miroirs aux alouettes de quatre-vingts mètres de haut. Aucun architecte n'avait songé à protéger les piafs parisiens en rêvant ces livres d'acier. Et puis on colla de larges silhouettes de corbeaux sur les vitres, pour chasser les kamikazes ailés dont la mort déprimait les employés.

Désormais seuls les vieux sont en péril en ces lieux, avec ces planches de bois élégantes, interminables, qui habillent l'espace d'amples rampes acajou, mais deviennent aux premières gouttes de pluie de vastes patinoires.

(2) Rue Sainte-Foy

Irina est si frêle, on se dit que l'effleurer la briserait.

Ce n'est pas le corps, non, même s'il est aussi mince qu'une feuille battue par la tempête. Elle ressemble à un brouillon de femme, à un dessin griffonné et abandonné, avec ses longs cheveux blonds emmêlés de princesse déchue, ses yeux bleus de lac embourbés. Pommettes hautes et sang venu de steppes perdues.

C'est l'esprit, c'est lui qui casse, bat la campagne, tente de s'évader et tape aux tristes carreaux des yeux. Un oiseau apeuré, son esprit. Folie ? Même pas. Un peu trop de lenteur peut-être, cette étrangeté tenace que les murs de Sainte-Anne n'ont pas guérie. Bien sûr.

Elle se tait, obstinément, c'est sa seule défense, si pauvre, si inutile.

On n'ose penser qu'elle aurait pu être belle. Ni encore moins qu'elle l'est, intolérablement, dans chaque geste long de ses lentes mains dansantes. Elle sourit aux animaux et aux bébés, créatures sans jugements.

Clocharde hébétée sur un banc, muette, retirée aux confins de ses plaines intérieures, on la bouscule sans qu'elle frissonne. Elle a appris le peu de mots et de gestes nécessaires à aligner un jour devant l'autre, ne pas s'éteindre de faim et de froid. À quelles portes frapper. À quels cœurs mendier sans rien dire, presque.

Demain sera semblable à aujourd'hui. Elle n'a pas de passé. Elle laisse dormir cette tourbe.

Demain sera semblable à aujourd'hui. Jusqu'à l'instant où le fardeau des jours partira en fumée, deviendra cette grisaille brumeuse qui monte aux lèvres dans les hivers trop froids. La mort est légère aux ombres en quête d'elles-mêmes.

(18) Rue Stephenson

Ce qui nous attache à un lieu est aussi obscur que ce qui nous pousse vers un être et c'est à cette obscurité qu'il faut se fier.

Peu importe vers quelles voies de traverse nous mènera une rencontre. L'important est qu'elle ait lieu, qu'elle se pare de cette évidence heureuse qui augmente le monde et en fait un endroit fréquentable en dépit de tout.

J'ai foi dans les coups de foudre, les immédiates flambées du cœur, et j'habite en des rues dont la poésie de métal et de vide m'a ravie aussitôt entrevue.

Pour rentrer chez moi, je longe la voie ferrée du métro aérien qui déploie ensuite à ma fenêtre ses grises architectures. Un agent immobilier ne verrait là que déplorable nuisance sonore, décrépitude et horizon étrange. Pourtant j'aime ce qui dissone. Je ne sais ce qui m'apaise et me berce dans le grondement monotone des rails. Mais il m'est doux qu'il m'accompagne et souvent me conduise vers le sommeil. Comme il me plaît d'arpenter ce quartier brinquebalant dont les terrains vagues, parenthèses de la ville à la beauté trouble, disparaissent au rythme des rénovations. J'observe ces métamorphoses de l'œil inquiet dont nous couvons les détours imprévisibles d'un ami cher. Le charme qu'exercent sur moi ces rues m'est d'autant plus précieux qu'il me demeure un mystère.

(4) Place de l'Hôtel-de-Ville

C'est le plus beau jour de sa vie qui n'en compte pas tellement. Sa sœur l'a emmenée patiner au pied de l'Hôtel de Ville. Le bâtiment scintille, les statues bienveillantes protègent ses glissades maladroites. L'air est vif, perçant comme un cri joyeux. Elle tient serré la main de son aînée, sa seule terre ferme sur cette surface mouvante, dansante. Tout le monde clame qu'elles se ressemblent — même chevelure blonde, mêmes yeux d'eau. Avec les huit années qui les séparent, sa sœur est une image réconfortante du futur, une promesse.

Elle n'avait jamais glissé ses pieds dans les chaussures étroites et difficiles à lacer, jamais tenté d'inventer ce nouvel équilibre, cette virevolte. Et pourtant, sur la glace, elle se sent tout de suite à sa place, adoptée par la blancheur qui pique les yeux. Une blancheur d'ours polaire ou de macareux (elle aime les documentaires animaliers).

Quelques mètres plus loin, le carrousel et ses licornes charrient une valse dont les échos voltigent autour des patineurs. L'hiver la berce.

Elle vole.

(14) Rue de la Gaîté

Ici la chair est triste. Il sort en clandestin de la boutique, s'extrait des tissus bleus qui obscurcissent l'entrée pour qu'on ne se rince pas l'œil à l'œil. Regards furtifs à gauche et à droite, il se redresse, presse le pas. À qui fait-il du mal, franchement, et pourtant, cette culpabilité, pas bien grande, encore heureux, mais agaçante, sournoise. Il laisse derrière lui le sex-shop et ses petits plaisirs, vite pris, vite épuisés, auxquels il retournera dès qu'il en aura de nouveau les moyens.

(12) Cour Saint-Émilion

Le difficile est de ne pas aimer les gens. De ne pas voir leurs grâces, leurs failles, leurs bravades. De s'en protéger.

Ses amis en souriaient, elle était trop prompte à lancer son cœur, trop encline à prendre sous son aile les plus impossibles canards boiteux. Alors, un enfant, comme aurait-elle pu s'en défendre ? Quand elle annonçait qu'elle avait rencontré un homme, qu'il avait un fils, on s'inquiétait, n'était-ce pas trop difficile de s'en accommoder ? C'était l'inverse, exactement.

Aujourd'hui elle le regarde s'étourdir de manège en manège au Musée des arts forains et la tête lui en tourne à elle aussi. Les lumières ici sont d'autrefois, loupiotes de baraquements anciens, de roulottes de cirque, au son de la mécanique têtue d'un orgue de Barbarie. D'être voyage dans le temps, le moment gagne en solennité. C'est leur première escapade à deux, elle a l'impression de l'avoir enlevé. Pour quelques heures, il est sous sa garde. Il suit une parade, vastes créatures de carnaval cheminant en musique. Tous deux ils avaient grimpé sur le vieux manège d'avant la fée électrique, qui ne tournait que si on pédalait, vestige d'un autre temps. Ils avaient ri, il avait pris sa main, un geste d'autant plus précieux qu'il n'était plus tout à fait de son âge. Elle savait bien qu'à tout moment il pouvait sortir de sa vie. S'attacher passionnément à un enfant qui n'était pas le sien, elle en sentait le piège.

C'était imprudent, bien sûr. Mais la prudence est la vertu des faibles et des avaricieux.

(20) Rue Frédérick-Lemaître

Cette ville n'est pas à lui, tout est là pour le lui marteler. La langue sèche et hostile qui lui claque aux oreilles au long des rues. Les odeurs suspectes et froides, les lumières mesquines, la démarche saccadée et violente des femmes, les regards qu'elles lui refusent.

Mais surtout cette menace sourde, la certitude qu'à tout instant on peut se saisir de lui, exiger ce qu'il n'a pas, ces lettres imprimées sur un bout de passeport, ce sauf-conduit qui ferait de lui un homme libre, un homme à qui personne ne saurait reprocher d'aller où bon lui chante. Il chantait volontiers, il y a beau temps de cela, à l'époque où flâner était autorisé. Aujourd'hui chaque pas doit avoir un but, puisque chaque pas est un danger. La ville est un dédale de pièges et de trappes. Car il craint les uniformes, les forces de l'ordre, les forces qui président aux hasards qui lui feront croiser la mauvaise route. Les visages amis de ceux qui cherchent à l'aider, les échos d'autrefois dans la voix de ceux du pays n'y changent rien. Cette ville n'est pas à lui, tant qu'elle peut d'une chiquenaude, d'un tampon, d'un charter, le contraindre à retourner vers une terre où il sera désormais tout aussi étranger.

(19) Rue de l'Équerre

Le mur est une peau. Il a ses cicatrices, ses blessures de piètres guerres. Il s'entaille où le temps passe. Il se délite où bat le vent.

Sur cette peau, il en pose une nouvelle, fragile et tremblante. Papiers légers sur lesquels il peint des créatures entravées par cela même qui devrait les sauver. Il trace des portraits sans visages. Tous sont un peu de lui et aucun ne lui ressemble tout à fait.

Des bouées les enserrent, les étranglent, les menottent.

Noyés des rues, anonymes égarés, sans appel perdus, comme ces silhouettes errantes, ombres familières des villes, dont la tristesse une seconde nous assaille. Au détour d'un carrefour on repère souvent une âme en peine à qui l'on n'a rien à offrir, seulement un peu de compassion embarrassée, aussitôt oubliée, mais trop vite les pensées tourbillonnent et s'égarent dans d'autres soucis, quotidiens, inutiles, sans fin.

Avec lui les rues crient à l'aide, la solitude a la pesanteur poisseuse du quotidien.

Feuilles fragiles, papier journal qu'il détourne du cercle infini des nouvelles mortes aussitôt écloses, des détresses trop nombreuses. De la douceur pourtant, de celle qui naît d'un regard vrai et qui ne tremble pas.

Comme pour les êtres, c'est la faille, l'accident qui révèle le mieux les villes.

Nous n'aimons pas la perfection mais la fragilité, ce qu'il nous faut apprendre à protéger. Ce qui fait notre déroute en amour n'est pas l'idéal courbe d'un visage mais le trouble pailleté d'un regard. Ce sont les aspérités d'une âme qui nous laissent à merci.

Ces œuvres abandonnées gagnent en beauté lorsqu'elles se dissolvent. Elles entament avec les murs et le temps un dialogue obscur dont leur mort est l'issue.

C'est alors qu'elles sont le plus troublantes.

Parfois, il repassera, et contemplera l'exquise délicatesse du désastre. Le grain du papier qui se noie, les contours des visages qui s'embrument. Braver le temps qui se venge. Seul l'éphémère est éternel, puisque seul il sait accueillir l'instant.

L'épiderme de la ville reprend ses droits, expulse les corps étrangers.

(8) Rue Saint-Honoré

Une nuée de filles longues en jambes s'échappent du Grand Palais. Les mannequins de la *fashion week*, volée d'oiseaux menus égarés dans les rues de Paris, maquillées, peu vêtues, mais avec art. Il les suit du regard, il y a quelque chose avec ces filles, on ne peut s'empêcher de les fixer, elles sont la beauté après tout, c'est leur très grave responsabilité. Longtemps il a préféré les femmes plus en chair, mais comme pour le vin, il a lentement appris à modifier ses goûts. Maintenant elles lui plaisent ainsi, irréelles, des apparitions, des rêves comme elles devraient toutes l'être.

Il passe devant une vitrine, s'interroge. L'alligator, c'est tout de même moins tape-à-l'œil que le python. Quand il aura le temps, il passera en commander une paire.

Il n'est pas né de ce côté du monde, et il s'y plaît. Dans ces rues feutrées, propres, aux voitures clinquantes qui se garent au mépris des lois. Auprès de ces femmes élégantes, parfumées, qu'il est flatteur d'avoir à son bras.

Il presse le pas, il ne veut pas être en retard à son rendez-vous à l'hôtel George V, pour affaires, il s'enfoncera dans les fauteuils de velours rouge, dans la douceur tamisée de ce lieu protégé. Peut-être prendra-t-il un thé fumé aux notes boisées, profondes. Il aime l'argent, ce talisman qui a chassé loin de lui l'homme qu'il fut autrefois. Il aime l'argent, puisqu'en avoir est la seule façon de ne pas y penser. Il a ardemment travaillé pour en être là. Il aime ce qu'il est devenu, fort et puissant, enfin.

(6) Rue du Dragon

Le sol tremble. Casque sur la tête, oreilles couvertes, il n'est plus que cette vibration au bout de son marteau piqueur. Il est au cœur d'un silencieux vacarme. Il pilonne, le geste doit être précis, juste. Tant qu'il regarde le trottoir se fendre, ne peut venir l'assaillir l'image qu'il chasse depuis son café du matin, depuis ce coup de fil, depuis qu'il sait. Son père sur un lit d'hôpital. Son père qui sans doute. Le béton craquelé gagne du terrain. Il avance. Trop facile de le faire appeler maintenant, à quoi bon. Le ciel est à l'orage. Le grondement se propage. Ça n'annule pas toutes ces années. Il faut se concentrer. Niet pour la grande scène finale avec violons. La transpiration goutte le long de son dos. Son collègue lui fait signe. Il coupe le moteur, enlève son casque. Le fracas doux de la rue reprend ses droits.

(17) Rue Truffaut

Elle n'en est plus aux cent pas, elle les a dépassés depuis belle lurette. À quoi peut ressembler une lurette et qu'est-ce qui la rend si jolie ? Elle se demande pourquoi l'administration parisienne a jalousement installé ses fonctionnaires dans quelques-uns de ses plus laids bâtiments. La mairie du dix-septième arrondissement, bloc de béton beigeâtre strié de meurtrières (ces choses ne sauraient mériter le nom de fenêtres). Sa réplique du quatorzième arrondissement — le commissariat de l'avenue du Maine. Et cet autre commissariat, sinistre et grisailleux, ces gens ne faisaient déjà pas un métier facile, scandale de leur imposer ça. Cela devait être dans les années soixante-dix que l'on se divertissait à ce genre de choses. Certains architectes sont des criminels en série, des récidivistes malfaisants. Bientôt, elle va monter ces marches. Tout de même, se souvient-elle, il y a la poste de la rue du Louvre et la Bourse de commerce, ce sont de jolis lieux pour venir travailler. Elle fixe l'entrée. Ce n'est qu'un seuil à franchir, cette porte de verre à pousser. Déposer plainte. Sans y penser, elle touche sa pommette, la pièce à conviction, sous les lunettes de soleil. La douleur pulse sous la peau. Déposer plainte. C'est tout simple. Décliner son identité, s'expliquer. Pourquoi ? vont-ils demander. Pourquoi depuis si longtemps ? Être restée, pourquoi ? Ils penseront, elle s'en persuade, qu'elle n'est pas une bonne victime, elle a trop attendu. Mais elle n'a pas les réponses, pas même pour elle. Il y a triste lurette qu'elle aurait dû venir, l'a décidé tant de fois, a renoncé si souvent. Bientôt, bientôt sûrement elle gravira ces marches et poussera cette porte.

(16) Rue du Docteur-Blanche

Ils déambulent, il lui raconte le roman qu'il n'écrira pas. Un huis clos de science-fiction. Une clinique — mais on ne le saurait pas tout de suite —, où seraient regroupés d'étranges patients, inquiets, fiévreux, dont on devinerait le passé par bribes. Un assassin, un violeur, un schizophrène, un doux dépressif, d'autres… Ils seraient là, mais on le comprendrait peu à peu, pour qu'on les soigne en modifiant le cerveau, quelques rafistolages internes pour qu'ils deviennent de nouveaux êtres. Venus de leur plein gré.

Tu comprends, lui disait-il, quand il était troublé

par une femme il parlait toujours trop, pérorait, le silence exige du courage, le courage de mettre ses désirs en gestes, tu comprends, les médecins qui pratiquaient des lobotomies pensaient qu'ils savaient ce qu'ils faisaient eux aussi, et quand j'entends parler d'implanter des neurones et de jouer avec les connexions du cerveau, et la phrase resta en suspens, honteuse, car elle n'allait nulle part. Un peu comme dans *Orange mécanique*, dit la fille, et il s'agace de n'y avoir pas pensé, quel salaud ce Kubrick, il se tait. Elle s'en veut, elle se dit qu'il la trouve idiote et qu'il n'a pas tort au fond, elle, le désir la prive des mots qu'elle devrait dire, ils s'affolent et se dérobent, penauds. Un silence récalcitrant s'installe soudain, au lieu de ce silence doux et chaud qu'elle appelait de ses vœux, elle ne sait que faire de ses mains et les tord l'une contre l'autre, je ne dois pas lui plaire, pourquoi s'encombrerait-il de moi. Elle décide qu'elle ne peut endurer cette indifférence une seconde de plus. Ils passent devant un métro, elle s'y engouffre sous un prétexte bâclé, à peine a-t-il le temps de saisir qu'elle part, il l'a déjà perdue. Ils ne se reverront pas.

(19) Rue Botzaris

Le ciel est très blanc, et il n'a aucune envie de rentrer chez lui. Il ne sait pas à quel moment c'est arrivé précisément. Depuis quand ce sentiment qu'il n'a personne vers qui se réfugier, aucun lieu qu'il puisse appeler un foyer, alors que sa femme l'attend et que sonnent dans sa poche les clefs de son appartement. Douillet, l'appartement. Sa femme l'attend : il serait plus exact de dire qu'elle s'attend à ce qu'il revienne.

Il longe les grilles des Buttes-Chaumont, décide de faire un détour et entre dans le parc. Pour que la paix des hautes silhouettes nues des arbres le contamine. Pour gagner quelques minutes de solitude, surtout. Il devait bien y avoir un moment où cela avait ressemblé au bonheur. Il se souvient des lettres qu'il envoyait à Clara — Clara, c'était le nom de sa femme. Fou amoureux, disait-il alors, à toi. À vrai dire, elle n'était pas si différente de celle qu'il avait épousée dans une petite chapelle normande et un costume ridicule. Les autres hommes la trouvaient belle encore. Mais il était bien incapable de réchauffer son désir au leur.

Cela avait ressemblé au bonheur, et puis cela s'était décoloré, par touches insensibles, minuscules, comme ces polaroïds qui perdent leur éclat peu à peu pour ne plus laisser sur l'image que des fantômes flous aux teintes incertaines. Sa vie est confortable et inhabitable. Il aurait honte de décrire ce qu'il ressent, lassitude de riche, d'enfant gâté. Un caillou roule sous son pied, il glisse, au fond il aimerait tomber pour de bon, s'écraser au sol, et qu'on l'entoure, qu'on murmure, qu'on l'aide. Une grande catastrophe qui exigerait l'attention. Il voudrait qu'on le regarde, qu'on le dévisage, qu'on s'inquiète de sa pâleur excessive, obstinée. Mais déjà il a repris l'équilibre, dans l'allée désertée. Il ressort du parc, et compose le code en bas de son immeuble.

(18) Rue Saint-Vincent

Montmartre est une vue de l'esprit. Quiconque entre sur ces territoires est frappé d'irréalité. Les peintres (recrutés sur concours spécial de la ville de Paris) aquarellent, les touristes (affrétés du Japon par cars) photographient, ils jouent leurs rôles, tous sont devenus éléments du décor. Parfois un Parisien s'y égare, généralement flanqué d'un ami étranger ou d'un parent de province. Il bravache, ricane, au lieu d'accepter avec élégance sa nouvelle condition d'ombre.

En 1910, Roland Dorgelès présentait en grande pompe *Et le soleil se coucha sur l'Adriatique*, l'œuvre d'un nouvel artiste. Succès. Vente. Avant de révéler le fin mot de l'affaire, fiérot. L'auteur était l'âne Aliboron, propriété du bistro du Lapin agile. Ravi d'avoir fustigé en sale gosse la crétinerie annoncée du monde de l'art, il pensait ridiculiser les impressionnistes. Mais nos actes nous dépassent parfois en intelligence. Il ignorait qu'il venait presque avant l'heure de produire un geste dada. De créer une œuvre par la seule décision de l'exposer. La postérité est injuste, et aujourd'hui il ne flotte plus dans les mémoires que pour avoir évoqué sa grande guerre. Statufié, le plaisantin.

Montmartre tout entier est une installation, une construction délibérée qui ne peut vraiment se prétendre fragment de la ville. Plutôt son souvenir, jalonné de plaques commémoratives signalant le village d'autrefois. Mais l'irréel a de grands charmes, pour l'œil affûté.

(10) Boulevard Saint-Martin

Adossé à la haute arche de pierre, cette porte désormais sans objet puisqu'elle se trouve au milieu de Paris, cet arc de triomphe célébrant des victoires depuis longtemps sombrées dans l'oubli, il l'attend.

Il sait qu'elle sera en retard, car elle l'est toujours, comme si leurs rendez-vous étaient de ces événements mineurs auxquels elle pouvait à tout instant renoncer, jusqu'à l'ultime seconde, avec cette légèreté qui est sa grâce propre.

Trop libre pour lui, et trop vivante, et trop belle. Inattendue, toujours, et c'est peut-être là sa plus grande magie. Folle sûrement, à demi, toujours au bord de l'envol. Tant de lumière en elle, et de tangages. Il sait qu'à tout instant le fil que son caprice, entre eux, a choisi de tendre pourrait se rompre. Elle est sa Gilda, sa Sybille, sa Mathilde, de ces filles qu'il n'est pas tout à fait naturel de tenir dans ses bras. Elle ne lui semble jamais vraiment faite de la même étoffe que lui, ce fatras fatigant de viscères et de sensations confuses, même quand il la tient au plus près de lui-même.

Ce qu'il redoute le plus, puisqu'elle partira, ce n'est pas le désespoir — il viendra, bien sûr, on peut lui faire confiance —, c'est l'ennui. Cette bruine perpétuelle, ce magma de jours informes auxquels son absence le condamnera.

Mais ce soir il l'attend, et il est heureux, sauvagement.

Ils marcheront, elle a comme lui le goût des lentes flâneries, ils dîneront sans doute passage Brady, poulet korma peut-être, ou biryani de légumes, il n'a jamais osé lui dire qu'il détestait manger indien, la première fois a décidé des autres, et quelle importance, puisqu'elle sera là. Ce soir, ce soir encore, ce soir sûrement elle jouira entre ses bras, et leurs souffles mêlés pulseront au rythme de la seule vie possible.

Seul le bonheur est brave.

(7) Pont Alexandre-III

C'était un meurtre sans assassin, paraît-il. Le crime parfait.

Il avait refusé qu'on l'emmène, rien à foutre de leurs conneries, passer trois heures dans leur camionnette, arriver à un abri de nuit à cinq heures du mat, ne pas dormir à trente par pièce, se faire piquer ses affaires, il avait donné.

Il avait bu pour se réchauffer et s'était recroquevillé dans son sac de couchage, sous sa tente, à l'ombre du pont rutilant. Et pourquoi pas ? Ce ne serait pas la première fois. On s'anesthésie à la longue. Pourtant, cette nuit semblable à beaucoup d'autres, quelque chose s'était brisé.

Cela avait pris quelques heures. Et puis, tout doucement, les pulsations de son cœur s'étaient ralenties. Le monde avait sombré avec une lenteur infinie. Le froid gagnait chaque atome de chair comme une promesse. Il levait l'ancre, il renonçait. La violente morsure du début avait fait place à cet endormissement. Abandonner une partie qu'il n'avait jamais jouée. Sa dérive s'achevait là, pas loin de ce trottoir où il avait fait la manche si longtemps, avec de moins en moins de succès à mesure que le corps se désarticulait, que la voix s'éraillait, que la colère montait.

Un froid à pierre fendre, et il n'était qu'un homme. Un froid de canard, de loup, et il n'était qu'un homme. Un froid de gueux.

(1) Passage de la Reine-de-Hongrie

Comprendre que la ville est palimpseste. La lire à livre ouvert. Les lettres voltigent et s'abattent sur elle, revendiquent, mots d'amours gueulés ou murmures politiques, dire la souffrance et le chaos et la panique qui guette. Dire le bonheur inouï d'un premier regard, la grande violence des cœurs qui tanguent et se jettent dans des batailles perdues d'avance.

Les blazes des graffeurs s'ajoutent aux stèles des morts pour la France, aux marelles clouant des cieux à terre et aux affiches publicitaires. Les tracts des restaurants indiens tournoient et s'écrasent, ils vont mourir au fond d'un ruisseau avec un ticket de black-jack inutile, et la ville bruisse de tous ces mots affolés absurdement blottis les uns contre les autres. Une réclame ancienne pour le savon Cadum offre aux passants des grands boulevards la protection d'un visage de poupon rose.

Sur les murs quelques lettres tracées rendent aux mots leurs poids et leurs saveurs menacés. *Femme de l'être. La vie est un compte. Mes nuits sont plus belles que vos jours.*

(12) Zoo de Vincennes

Du fond de son ennui, parmi les cris des enfants et les obscurs grondements venus des cages alentour, l'ours me regarde et j'ai honte de l'idée qui me vient. Déchu, il se souvient qu'avant de le découronner les hommes l'avaient nommé roi des animaux. Ses muscles inutiles ondoient sous sa pelisse brune. Il tourne en rond, comme mes pensées. Dans le ciel, un ballon d'hélium maladroitement échappé des mains d'une petite fille s'évade, insoucieux du drame qu'il provoque à terre.

Et l'idée revient, têtue comme elles savent l'être.

Je n'ai pas tué assez d'ours, dans ma vie.

Voilà.

Le problème, c'est qu'on ne nous prépare pas. Rien ne nous arme contre les férocités du cœur, contre les déchirements que nous infligent ceux que nous laissons approcher au plus fragile de nous-mêmes. Soit nous sommes aimés dans notre enfance, et nous exigeons que la douceur se prolonge. Soit nous ne le sommes pas, ou trop mal, et nous devons bricoler toute notre vie avec la certitude insidieuse que c'est tout ce que nous méritons.

Autrefois, dans certaines contrées reculées, avant le mariage, une jeune fille devait se battre au couteau avec un ours. On la précipitait dans une fosse avec la bête, aux yeux de tous. Il est vrai qu'elle n'en réchappait pas toujours. Toute méthode pédagogique a ses limites. Mais si elle avait traversé l'épreuve, elle était parée pour affronter un homme. Elle avait fait la démonstration de sa puissance pour le reste de ses jours. Le mari devait y réfléchir à deux fois avant de la contrarier.

Pure légende ? Peut-être. Mais elle me plaît.

Je n'ai pas tué assez d'ours, dans ma vie.

(11) Boulevard de Belleville

Cinq heures du matin. Son vélo titube. Quelle idée aussi, quelle idée il a eue, à ce degré de fatigue et de Jack Daniel's, d'enfourcher une chose pareille. Il s'arrête, reprend pied. Il s'en débarrasserait s'il pouvait, du Vélib, mais aucune borne à proximité, il ne peut pas l'abandonner, ça lui coûterait trop cher. Il ne sait pas pourquoi il est resté aussi tard à cette soirée, au fond il ne s'y est rien passé, rien qui s'appelle vivre, rien qui justifie de s'embrumer l'esprit et s'appesantir le corps à coups de verre pour rien. Il a parlé à des filles, raconté des bribes de sa vie à des inconnus. Demain il s'en voudra, des miettes de souvenirs reviendront, mal assemblées. Lourd, voilà, il se sent lourd, et pourtant il flotte à quelque distance de lui-même. Le monde tourne, ou peut-être le vélo, ou peut-être le boulevard de Belleville.

Il s'arrête, pose un pied hésitant.

C'est alors qu'il les voit. Sans doute étaient-elles là depuis un moment, en périphérie de son hébétude. Elles sont peut-être une dizaine, doudounes bon marché au-dessus de jupes courtes, maquillage. Chinoises. L'une d'elles vient vers lui, lui lance : cinquante euros la passe, trente euros la pipe.

Il ne savait pas qu'à Paris on pouvait acheter un humain à ce prix, il le savait bien sûr en théorie, il savait que les corps sont tarifés, mais celui-là il préférerait ne pas l'avoir vu de si près, le visage fatigué, les rides, les chairs qu'il ne peut qu'imaginer flasques, grises, il n'y a rien en cette femme qui appelle le désir, c'est le point ultime de la misère. Le prix dérisoire de ce qui ne devrait pas en avoir.

Le froid lui fouette le visage et les jambes découvertes de cette femme lui font honte. Honte, il ne sait pas pourquoi, honte qu'elle lui ait parlé, qu'elle l'ait attiré un instant dans son cercle, honte parce qu'il est un homme qu'on puisse le croire capable de la suivre, une cage d'escalier, sans doute, ou ses idées à ce sujet sont-elles purement littéraires, filmiques, il y a peut-être d'autres lieux, d'autres décors plus sordides encore que les cages d'escalier encodées. Il écrase ses paumes sur la poignée du vélo, serre les poings, se hisse, démarre en cahotant. Sur le trottoir passe un rat, éclair grisâtre arraché à la nuit.

PRINTEMPS

(14) Avenue du Maine

Je travaille dans une rue où en 1902 un dirigeable vint finir ses jours. J'imagine l'affolement, quand cette chose improbable et molle s'échoua sur le bitume, c'est une époque où l'on avait le sens des catastrophes.

Traverser Paris pour venir au bureau, dans ce quartier si amène, si respectable, c'est louvoyer parmi les misères.

Des traces de sang sur le trottoir.

Une fille bousculée à quai, sous les yeux des voyageurs entassés dans la rame de métro, un coup de poing, son portable arraché, la fille à terre, agresseurs en fuite, cela a duré moins d'une poignée de secondes.

Bousculade entre le vigile d'un grand magasin et un homme qu'il soupçonne de vol, le ton monte, les gestes se saccadent, la haine gagne.

Cette violence continue, perpétuelle, toujours au bord de l'explosion. Pour y survivre, pour la côtoyer jour après jour sans s'y briser, il faut développer une étrange endurance. On peut choisir d'élever le regard vers les dômes du Sacré-Cœur et la blancheur toute neuve de la tour Saint-Jacques. Ou continuer à voir, et tâcher d'y survivre.

Aurai-je l'audace de laisser Paris pleurer par ma voix ?

Cette ville sinistre, cette ville qui m'époustoufle et me déchire.

Paris sera ma défaite, mais on peut chérir ses défaites avec plus d'emportement que certaines conquêtes.

(17) Rue Guy-Môquet

Elle ne marche pas, elle sautille. Elle ne serre pas les mains, elle les broie, incapable de retenir l'énergie qui couve en elle. Son rire à tout propos étonne, bien trop sonore pour sa silhouette menue.

À soixante-douze ans, ses cheveux sont blancs et son visage irradie d'une lumière rare. Elle dit que cela lui plaît, d'avoir vieilli, qu'elle n'a jamais été si libre, que désormais elle peut tout se permettre. Elle n'y manque pas. Elle connaît tous les éclopés du quartier, ceux qui n'ont pas eu de chance, ceux dont les bonnes gens détournent les yeux. Le toxico de dix-huit ans, diagnostiqué schizophrène, qui dort dans la rue pas loin de l'appartement de sa mère. Le Roumain qui parle de sa famille restée au pays et remercie, beaucoup trop, pour le moindre sourire, le moindre geste qui ne soit pas hostile. Celui qui a pour compagne des guitares qui vont et viennent au rythme où elles sont volées sur son coin de trottoir. Jamais elle ne cesse de croire. Elle harcèle les administrations en jouant la vieille dame qui a tout son temps, multiplie les noms sur sa boîte aux lettres pour que les damnés de la terre gardent quelques droits, pour que qui les cherche puisse un jour, peut-être, les retrouver.

Ce soir, elle guette la fermeture du magasin bio du quartier. Ils la connaissent. Ils lui donnent les invendus, les périmés du jour. Le vendeur lui prépare une cagette, marchandise en contrebande, arrachée au cycle infernal de ce qui n'est produit que pour être détruit. Un peu plus loin, un supermarché arrose de Javel la nourriture au rebut, ce sont les instructions. Mais ici, pas encore. Elle y veille.

(13) Avenue des Gobelins

Elle se sent joyeuse, légère.

Ses parents ont longtemps discuté pour savoir si elle pouvait venir. Assise sous la table du salon, elle écoutait. Leurs jambes s'agitaient. Dangereux, disait sa mère. Trop petite. Jamais trop tôt, répondait son père.

Et elle est là, dans le flot humain qui gronde, crie, chante. Dans cette fête, cette kermesse vrombissante. Elle ne sait pas ce qu'ils réclament, on le lui a expliqué avec des mots sérieux, des mots obscurs, des mots cravatés, elle ne sait pas ce qu'ils réclament avec tant d'ardeur mais elle est d'accord avec eux.

L'odeur acidulée des merguez et de l'oignon qui grille lui chatouille les narines. La foule crie et s'agite, elle est sur les épaules de son père, toute-puissante, invulnérable. À perte de vue, les couleurs mouvantes des hommes en marche. À perte de vue, cette colère magnifique dont elle portera toujours un éclat.

(9) Avenue du Coq

Il zigzague pour éviter un miroir qu'un salopiau de publicitaire a eu la brillante idée de flanquer sur un arrêt de bus au-dessus d'une paire de baskets (ce qu'il s'agissait de prouver, épais mystère). Les miroirs le fichaient en rogne. Il n'y avait pas idée d'avoir cette gueule même pas torve, même pas bancroche. La laideur, passe encore. L'insignifiance, c'est une faute, et il ressemblait à tout le monde. Il pourrait acheter toutes les paires de baskets du monde, et même se trimballer en babouches, au fond, ça ne changerait rien : personne ne se retournerait sur son passage, aucune femme ne s'attarderait à rêver dans son sillage. Il rentre les épaules, sa petite planque personnelle, en espérant que ce ne sera pas une campagne au long cours.

(3) Rue du Pas-de-la-Mule

Elle est en retard. Terrifiée, mais c'est une terreur heureuse. La panique au seuil de grands bouleversements. Il l'attend. Cet homme avec qui, encore — rien. Et pourtant. Presque inconnu dont elle sait, comme l'on sait parfois, en de très rares et précieuses circonstances, dont elle sait que — peut-être.

Elle sait que bientôt, c'est presque inéluctable, elle connaîtra le poids exact de ce corps contre le sien, sa chaleur dans la nuit, le timbre précis de cette voix, invisible possession, mémoire vive pour les heures moins fastes. Elle savoure ces instants où à quelques pas, maintenant, il est seul parce qu'elle n'est pas là. Il l'espère, ils se préparent tous deux, presque ensemble déjà dans cette commune suspension du cours ordinaire de leur vie, des minutes arrachées à la frénésie, aux obligatoires discours, agitations, manœuvres.

Peut-être accorde-t-elle trop d'importance aux battements de son propre cœur, elle se l'est dit souvent, peut-être n'est-elle pas de son temps tout à fait, sans doute y a-t-il des gens pour qui l'amour n'est pas la chose la plus importante de la vie. Elle aime les instants de grâce avec trop de passion, trop avidement les traque.

Elle pense à lui, se hâte enfin, frissonne.

Elle est prête.

(3) Place des Vosges

Ils le dégoûtaient avec leur admiration.

Cela fait dix fois qu'il fait refaire cette prise pour rien et personne pour le contredire. Certainement pas ce réalisateur empoté, qui ce soir se vantera d'avoir tourné avec lui et parlera de son mauvais caractère avec gourmandise.

Ils tournaient une scène d'été et il faisait un grand vent glacial. Sous les arbres du parc, il voyait au loin les figurants trop peu vêtus grelotter, se ruer sur des bouillotes et des couvertures entre deux prises. Tant mieux.

La gloire était venue trop tard, en un film, un chef-d'œuvre foudroyant dont le metteur en scène, le premier à avoir cru en son génie, à enfin lui donner un premier rôle, avait eu l'idée grotesque de mourir aussitôt. Recette parfaite pour assurer un culte. Depuis, lui n'arrêtait plus de tourner. Et partout ces regards idolâtres. Il était l'homme d'un film, lui qui aurait dû en tourner mille. Il aurait voulu les tuer.

Où étaient-ils autrefois, quand il aurait pu y trouver de la joie ? Les trésors d'un acteur s'érodent avec lui. Désormais il était vieux, laid, fini. Il avait tellement cachetonné, tellement joué les silhouettes invisibles, à peine un bout de réplique ici ou là, il était passé à côté des rôles de sa vie, que d'autres endossaient à sa place, et il les avait haïs pour cela, tous, chaque fois.

Il n'avait rien été. Tant de choses qui lui avaient glissé entre les mains. Il se souvenait de cet homme, le grand amour de sa vie, ce qu'il aurait donné pour briller à ses yeux, et cette indifférence, ce mépris, ces nuits distraitement accordées, mais tout cela était si lointain, moins réel au fond que ces scènes qu'il avait tournées et qui existaient pour toujours sur pellicule. Des jeunes gens gravitaient autour de lui, acteurs, assistants, si scandaleusement beaux, mais il était trop vieux désormais pour pouvoir y prétendre, et leur grâce l'insultait.

La méchanceté était devenue sa volupté.

Il fait signe à sa partenaire de venir, elle a dix-huit ans, il lui hurle bien fort, pour que tout le plateau entende et s'en repaisse, qu'elle n'est rien et ne vaudra jamais rien. Elle part, à toutes jambes part, ils vont être tranquilles quelques heures. Et toujours personne pour lui dire deux mots de sa conduite. Les imbéciles, les lâches, les minables.

C'est parfait, il a envie d'être seul pour penser, depuis ce matin une phrase le poursuit et lui échappe. Sa mémoire est tissée des mots des autres, qui souvent pensent à sa place, surtout ceux qu'il n'a jamais joués, les lignes lues s'agglutinent et se rient de lui. Voilà, il se souvient. Cela l'avait ému, en des temps anciens. « Ton malheur particulier — qui est celui de tous les poètes — réside en ceci que, par vocation, tu ne peux avoir qu'un public, et qu'au lieu de cela tu cherches des âmes sœurs. » Pavese, voilà un rôle où il aurait donné sa mesure. Autrefois, dans une autre vie presque, avant que tout ne se soit asséché et terni.

(17) Rue Boursault

Quand il était enfant, son grand-père lui avait donné une tape sur la tête pour qu'il cesse de regarder ses pieds. Il y a trop à voir, lève le nez.

Son grand-père était architecte ; pour lui, Paris était une succession de clochetons, de façades, de vieilles pierres étrangement agencées. Ville verticale et haute en beautés.

Depuis, il levait les yeux au ciel à chaque promenade. Tête en l'air par principe et par fidélité.

Il n'a pas l'héroïsme de Montaigne, qu'une heure de lecture pouvait guérir de tout. Pour chasser le bourdon et autres idées frelatées, il navigue au fil des rues. Il marche comme on dérive, insoucieux de son itinéraire mais en éveil, toujours.

Il ignore par quels détours il s'est trouvé ici, devant cette pâtisserie aux mosaïques bleutées, aux *pastéis de nata* rebondis, aux douceurs jaune vif, petit bout de Belém échappé de la péninsule.

En face, au numéro 62, un certain R. Simonet, architecte (toujours, il guette leurs noms gravés dans les murs), a dressé un immeuble tout en courbes et rotonde. Des vagues bleues déferlent sur la porte. Au 68, une femme lui sourit dans le mur. Un peu plus loin, ce sont deux lions roses qui le fixent. Ville facétieuse. Il sait aujourd'hui que son grand-père lui a fait cadeau de bien plus qu'un souvenir : un regard. Comme lui, il aime ce qui dépasse, extravague, s'emballe. C'est un amant du mouton noir à cinq pattes, du canard boiteux, du dahu joli.

Il débouche sur le square des Batignolles. Il

n'a l'air de rien, ce jardin si sage, et pourtant c'est le royaume de l'inutile. Une serre a été dressée pour le profit d'un seul oranger. Dans l'allée Barbara poussent les palmiers et les séquoias géants. Pour tenir compagnie aux canards de la mare, on a planté des vautours de bois. Les bancs ont des pattes d'arbre. Ce parc est une jolie fille qu'il faudrait savoir deviner, dont l'apparente douceur dissimulerait des trésors de fantaisie et de tempêtes intérieures.

Il pousse la grille verte, au-delà du parc s'étend une autre ville, une ville à naître, avec ses grues et ce chantier à perte de vue. Un nouveau monde pousse aux portes du Paris feutré. Il se sent joyeux soudain, à l'aube de grands chambardements.

(10) Boulevard de la Chapelle

De loin, on ne distingue qu'un chaos de formes jetées au hasard sur le sol, un embrouillamini d'objets et de couleurs à même le trottoir. Quand on se rapproche, on voit qu'ils se répartissent en stands de fortune, un marché sans tréteaux, où l'on vend et achète entre pauvres. Vêtements râpeux, poêles cabossées, jouets orphelins, pas de quoi faire rêver. On troque, on récupère quelques sous, on se débrouille entre soi. De jour en jour, ce bazar miséreux prend de l'ampleur, gagne des mètres sur le boulevard. On se presse, on s'apostrophe, difficile de circuler.

Il vient là souvent, il s'en passerait bien. À soixante-dix ans, il se serait plutôt vu ailleurs, n'importe où plutôt que dans l'humidité du bitume, à guetter l'hypothétique client. Il est né dans un pays chaud et son corps n'a jamais bien compris ce qu'on lui faisait endurer depuis, il proteste à coups de rhumatismes et de crampes aiguës.

Il est en train de négocier avec une voisine, elle voudrait sa vieille casserole, quand un murmure frissonne entre les étals. La police. Le temps de le dire, de rassembler la pauvre marchandise, ils sont là.

Pas le temps de comprendre ce qui se passe, il est en larmes, les yeux piquetés d'aiguilles, la gorge tarie, les poumons assassinés par les gaz lacrymogènes qui serpentent. La foule se disperse, il rentre chez lui, sa casserole sous le bras, dans cette bataille qui n'a pas eu lieu il a perdu un vieux pull qu'il comptait vendre. Il reviendra demain.

(11) Rue de la Folie-Méricourt

Il survit.

Si peu de douleurs dont on meurt.

Si peu de peines dont on guérit pourtant.

Alors, quoi ?

Continuer.

Glisser pas à pas dans l'abîme, s'accoutumer.

Puisque chaque seconde n'est guère plus insupportable que celle qui l'a précédée.

Nier les perspectives, ruser.

Gagner la minute suivante.

Que le temps cesse d'être une ligne pour devenir un point, tout était là.

(6) Pont des Arts

C'était une journée antipathique, il fallait lui rendre la monnaie de sa pièce. Elle avait commencé les hostilités par une petite bruine, mesquine, sournoise, qui n'avait même pas l'audace d'être une vraie pluie.

Quand cela s'était arrangé il avait tout de même décidé de sortir. Le ciel était d'un gris sans subtilité, sans éclat, sans grandeur, qui se prolongeait jusque sur la peau des passants aux mécaniques déambulations. Un scooter avait failli le renverser. Il lui en restait une traînée d'eau sale le long de la jambe. Puis dans le métro une femme contre laquelle une secousse l'avait projeté s'était imaginée qu'il l'avait fait exprès, avait clamé son indignation haut et fort, et inutile de chercher à contrer les regards outrés, les foules adorent mépriser, tant qu'elles n'ont pas à intervenir.

Et maintenant, ces deux crétins postés sur le pont des Arts, devant les cadenas imbéciles qui prétendaient faire de l'amour le synonyme d'une condamnation à perpétuité, un jour le pont croulerait sous le poids de ces atroces breloques, qui lacéraient la perspective de leur doré malfaisant, ces deux crétins qui voulaient être pris en photo. Il tenait en horreur particulière cette engeance qui a désappris à vivre et préfère emmagasiner les images inutiles des moments qu'elle gaspille.

Il refuse, ils font semblant de ne pas comprendre.

Très bien. Tant pis pour eux. Ils paieront pour les autres. Il prend l'appareil qu'ils lui tendent. D'un geste précis, d'une parfaite élégance, il l'expédie dans l'eau. S'ensuit un certain brouhaha, qui lui plaît.

(1) Jardin des Tuileries

Quand un étranger me demande quel est l'endroit de Paris que je préfère, parfois je décris l'Orangerie. Les paresseuses allées du jardin des Tuileries, nimbées dans leur ennui sableux, dissimulent en leur cœur cette splendeur.

Le lieu peut-être où j'ai découvert que l'art était une aventure risquée, intempestive, absolue.

Ces nymphéas qui m'ont bouleversée enfant et ne cessent de le faire, et peu importe les snobismes convenus.

Quand il s'empare de ces murs, deux pièces dont il abolit les limites comme il abolit les frontières entre les éléments, deux rotondes qui enserrent le spectateur de leur étreinte aquatique, aérienne, voluptueuse et terrible, Monet est au bout de sa vie. La lumière se dérobe à son regard. Aveugle, visionnaire. Jamais il n'a été aussi audacieux, aussi fou. Et que soient foudroyés ceux qui prennent leur frilosité pour la sagesse de l'expérience.

Je ne peux entrer là sans sentir une âme immense palpiter entre deux algues, deux frémissements opaques de lumière et d'eau. L'endroit est désert souvent. C'est un tête-à-tête qui m'a consolée parfois.

(12) Rue de l'Ambroisie

Assis en terrasse, il commande un autre verre, d'un geste bref, précis, mécanique. Il sait qu'il y aura un prix à payer, le cœur qui cette nuit s'affolera, la gorge sèche, le crâne enserré dans un bourdonnement hostile. L'angoisse qui gagnera quelques crans d'avoir un instant été détournée.

Il sait, mais pour l'heure il ne veut que la seconde suivante, la chaleur clapoteuse, l'apaisement provisoire, l'euphorie de s'être glissé dans la peau d'un autre. Un autre qui n'aurait pas ses disgrâces, ni ses souvenirs, ni ses tristesses à apprivoiser. Ce n'est pas l'oubli — non — mais la métamorphose qu'il quête. S'arracher à lui-même enfin. À chaque goutte il en est plus proche. Il sourit à deux jeunes femmes à côté de lui dont le regard le glacerait s'il était encore capable de le déchiffrer.

Demain il faudra se réveiller et vivre, peut-être. Ce soir il s'abandonne, à l'ivresse de chercher l'ivresse, à la douceur exquise de se détruire, goutte à goutte, un peu plus à chaque pulsation de temps. Ce soir il attend de se dissoudre dans les buées de l'alcool.

(18) Boulevard Barbès

Marlboro, Marlboro, la litanie des vendeurs à la sauvette l'enveloppe à la sortie du métro, sous les néons bleus de Tati, le désoriente. Il se demande ce qu'ils vendent vraiment, cigarettes, autre chose, ils l'interpellent sans qu'il comprenne bien de quoi il s'agit. Un médium lui tend sa carte, il déchiffre : « Permis de conduire, solitude, désenvoûtement. Ma réputation a franchi les frontières et les gens viennent. »

Quand il était venu étudier à Paris, il s'imaginait des façades sages et des brunettes en béret. S'il s'était installé à Château-Rouge, c'était parce que c'était moins cher. La ville lui était doublement étrangère ici, avec ses reflets d'Afrique. Il se ferait au bruit, au mouvement, à cette perpétuelle fébrilité. Avec le temps, il comprendrait que c'était ici que pulsait le cœur de la ville, vivante, vibrante — avant que l'argent ne ronge ce quartier encore et en expulse ses habitants, avant cet avenir qu'il n'était pas si fou d'imaginer où la capitale n'appartiendrait plus qu'aux bourgeois et aux touristes. Quand elle ne serait plus que le pont des Arts ou la butte Montmartre.

(5) Rue de la Clef

Quelques rues de Paris hésitent et se tordent. Choisissent un autre destin à l'ultime seconde et empruntent un escalier, un virage, un détour médiéval, au lieu de s'interrompre comme le voudrait la logique d'un quadrillage rigoureux.

Je n'ai pas grande sympathie pour les lignes droites et je comprends leurs doutes, leur ardeur à se réinventer elles-mêmes. Mieux vaut déjouer ses propres pentes plutôt que les suivre.

(4) Rue du Grenier-sur-l'Eau

Le premier jour de printemps n'est pas une affaire de calendrier. La saison commence à cette date où les jambes des Parisiennes réapparaissent enfin, s'affranchissent des pantalons et des bas qui les masquaient jalousement. Elles ne se concertent pas, et pourtant, au premier rayon de soleil un peu sérieux, quand les parfums des fleurs s'ébrouent et que les arbres étirent paresseusement leur vert le plus tendre, c'est l'envolée des jupes et des chairs à nu.

Un rendez-vous joyeux dont il guettait les prémices des semaines durant. Le moment est arrivé. Laquelle aborder pour célébrer ? Les rues lui offrent un vivier, la certitude de ne pas dormir seul, s'il le souhaite, il le souhaite souvent.

Place Baudoyer, il en aperçoit une dont la jupe violette pétarade au soleil. La suit dans la rue des Barres, parfaite avec sa joliesse médiévale, ses colombages, on dirait un Paris réinventé en studio — toujours soigner ses décors, elles adorent ça. S'approche. Elle est moins jolie qu'il ne l'avait cru, ce n'est pas grave, elle fera l'affaire, il y a quelque chose de sensuel qui flotte dans son sourire. Toutes, elles ont quelque chose, un éclat de grâce, il suffit de savoir regarder. Est-ce sa faute si on en fait si vite le tour ? Ce n'est pas qu'il manque de sincérité, il en change, voilà tout. Elles s'ennuient tellement qu'elles ont le goût du drame. Il veille à ne pas s'attarder, elles deviennent si fastidieuses, si vite. Il n'a aucune estime pour l'amour, ce mot usé, flétri.

Il lui demande du feu. La suite est presque trop facile — qu'une le surprenne, enfin, et qui sait ? Elle a de fort longues jambes, tant mieux.

(1) Allée Jules-Supervielle

Le vieux juge marche toujours courbé, peut-être pour tromper le temps qui passe, offrir moins de prise. Le vieux juge, ceux qui le connaissent l'appellent ainsi mais cela fait bien longtemps qu'il ne décide plus du sort de personne. Quand il passe là, dans ce qu'on n'ose appeler un jardin, une tristesse l'étreint toujours. Ce ne sont pas ces jeunes et leurs chiens, ces drogués en quête d'une dose, ces Afghans blafards. Leurs vies sont trop étrangères pour se rejoindre, les allées qu'ils foulent ne sauraient être les mêmes. Il déteste cette béance, ce quartier charcuté au cœur de Paris. Il se souvient des bouchers de sa jeunesse, des forts des halles, des travestis, et des coups qu'il allait boire au Pied de cochon avec les copains. Avant, ils prenaient leur ticket pour décharger quand les camions arrivaient, charriaient quelques cargaisons. Ça payait une tournée. Il carburait à la suze pointée, à l'époque. Mais la vie est passée, et les Halles ne sont plus. Paris pâlit. Foutu Pompidou.

(15) Rue Ernest-Hemingway

Si Paris est une ville où chacun se rêve écrivain, elle ne soigne pas toujours les écrivains à qui elle offre ses rues.

Remy de Gourmont s'en sort fort mal, avec une sinistre ruelle perdue dans le dix-neuvième. Quelques lierres de bonne volonté ne sauvent pas de la tristesse incohérente du lieu, ces époques qui se croisent sans grâce dans des maisons étroites. Au moins est-il en bonne compagnie, près de la rue Edgar-Poe. Curieusement, celle-ci est plus accueillante, le mauve d'un lilas dialogue avec un mur de brique rouge, des pavés qu'on avait tenté d'engloutir sous le bitume résistent à l'ombre d'une grille.

De grise mine, la rue Choderlos-de-Laclos longe la Bibliothèque François-Mitterrand, il est probable que ces deux-là auraient eu des choses à se dire.

La rue Charles-Dickens, silencieuse et bourgeoise, doit lui sembler bien loin du Paris interlope où l'entraîna Wilkie Collins, et dont les grisettes le sauvèrent de sa mélancolie.

Non contente de ressembler à une voie de garage sinistre, la rue Ernest-Hemingway ne compte pas un seul bar. Ce ne sont pas des façons de recevoir.

(19) Quai de Loire

Le bruit de ses pas sur les pavés l'agace, comme son reflet dans la vitrine de la librairie. Il aimerait effacer même ces traces fragiles. Peut-être, quand plus rien ne témoignera qu'il existe, la douleur cessera. Même pas une douleur peut-être — l'incongruité d'être là.

Son corps l'encombre, son cœur se glace. Il a trop de peau pour le peu d'usage qu'il en a, il ne se sent pas chez lui dans cette carcasse trop grande, démesurée.

Il regarde les eaux grises du canal Saint-Martin avec sympathie, mais elles ont l'air froides, la sensation risquait de le réveiller, de le rappeler à lui-même, et c'était ce qu'il fallait éviter.

Et puis, avec tous ces bobos à poussettes de

bonne volonté, il y avait toujours le risque qu'un tocard tente de le repêcher.

Il avait pensé au métro, mais l'idée l'écœurait un peu, ces chairs explosées, ce sang par giclées sous l'œil d'un conducteur qui n'avait pas demandé ce grand guignol. Bien sûr, il était toujours tenté quand la rame entrait en station, la possibilité était voluptueuse, il devait se retenir un peu, se souvenir de l'aspect peu ragoûtant de la chose.

Les voitures, les bus ? Risqué. Le corps humain est fragile, certes, mais aussi terriblement entêté. Qui sait ce qui pouvait arriver ?

Alors il continuait à se traîner et attendre. Se laisser engourdir. Peut-être qu'on pouvait mourir de la fadeur du monde.

(1) Quai de l'Horloge

Les voyageurs savent tirer parti de chaque minute. Ils connaissent le prix des secondes partagées avec un visage qu'on ne reverra pas.

Quand la ville nous berce de l'illusion que toute occasion nous sera offerte à nouveau. Que les silhouettes reviendront valser sous nos yeux.

Chaque rencontre, s'y engouffrer.

Il faudrait être royal et fou. Il faudrait être nu. Il faudrait jeter son âme avec désinvolture. À l'instant, et sans conditions.

Mais qui voudrait, aujourd'hui, d'un présent si encombrant ? Comment ne pas choisir la tiédeur et la paix contre ce qui vacille, tremble et se perd ?

(17) Avenue Victor-Hugo

La fumée a le goût de sa tristesse. Elle ne fume qu'aux heures grises. Elle est montée sur le toit de son immeuble, une lucarne facile à franchir. Elle contemple la ville à ses pieds, qui affiche ses clinquants, ses lumières de musette. Les ravins sombres des rues, la masse blanche de l'Arc de triomphe, cette chose morne qu'elle n'a jamais aimée.

Autrefois les toits étaient son royaume, elle escaladait les murs, les églises. Ils étaient une petite bande, rendez-vous sous le manteau, communauté de l'ombre. Paris était leur montagne, interdite, clandestine. Monte-en-l'air sans butin sinon l'ivresse des sommets de la ville, l'euphorie du risque. Le vertige comme art de vivre. Déraisonnables par principe, inconscients, farouchement.

Elle se souvient de cette stupeur heureuse, instants de suspension, se trouver au clair de lune sur les tours de Saint-Sulpice, aspirant la nuit par vastes bouffées. Elle s'étonne d'avoir été cette écervelée, cette cinglée.

Aujourd'hui elle est devenue une autre. Le genre de femme qui borde un enfant le soir et sur qui chacun peut compter. Femme d'intérieur, domestique, domestiquée. Bizarrerie tenue en respect. Elle préfère cette femme, la cohabitation est plus douce que lorsqu'elle trimballait cette soif d'aller au bout d'elle-même et de ne pas en revenir. Et pourtant, parfois, quand la tiédeur l'engourdit, l'enlise, elle s'évade. Elle grimpe sur le toit, et grille une Gitane en hommage à cette fille intrépide portée disparue en elle.

(15) Rue de la Croix-Nivert

Il voulait sa peau. L'assassiner, l'écarteler, la laisser pour foutue. Elle voyait ça — pas à sa queue qu'il agitait, ce bout de chair rose, pathétique, tueuse. Elle voyait ça — pas aux mots qu'il disait, des mots de si peu d'imagination, tu aimes ça dis tu la veux dis de sa voix sifflante. Elle voyait ça à ses yeux, à son regard sans tain, à ce visage sans personne derrière. Pour lui elle n'était rien qu'un corps à transpercer. Il était tard, elle aurait dû prendre un taxi sûrement, mais elle ne venait pas de loin, elle avait dîné chez de vieux amis et de rires en verres, de joyeuses râleries en châteaux en Espagne personne n'avait vu le temps courir, l'heure du dernier métro était passée. Elle avait eu envie de marcher, prolonger un peu la douceur de cette soirée, cette chaleur. Son quartier était un peu désert, le soir, mais jamais elle ne s'y était sentie inquiète. Jusqu'à ce jour elle ignorait la terreur.

Et puis elle avait entendu un pas surgir derrière elle, et ce type, qui aurait pu être grotesque, à une autre heure. Il s'approche et quelque chose en elle, quelque chose de très ancien et qu'elle ne reconnaît pas prend le dessus. Son corps sait mieux qu'elle quoi faire, ce qui la guide c'est la peur, une peur vive, animale, puissante. Elle se met à courir, détaler, galoper, il est à ses trousses. Au bout d'un siècle elle arrive sur le boulevard Garibaldi, quelques voitures, un crissement. Le conducteur lui hurle dessus, elle tremble. Elle regarde derrière, il a disparu, cauchemar dissipé dans un choc. Elle aperçoit la lumière verte d'un taxi, agite une main. Elle ne s'assoit pas sur la banquette, elle y tombe.

Elle pourra s'estimer heureuse paraît-il. Ne s'est rien passé. Lui dira-t-on.

(6) Boulevard Raspail

Une nuit de 1966, Jack Kerouac exige que son taxi s'arrête boulevard Raspail. Il veut saluer Balzac. Le Père-Lachaise est trop loin, et peu tentant à trois heures du matin. Il se contente de la statue de Rodin. Honoré y est-il pour quelque chose ? À Paris, il vivra un satori, une révélation intérieure aussi bouleversante que difficile à transmettre en mots.

Quand je passe près de la lourde silhouette de bronze, puissante et songeuse, drapée dans sa sévérité rugueuse, je lui envoie désormais d'amicales pensées. Une illumination ne saurait me nuire.

(7) Rue de Bellechasse

En maraude. Que ça s'appelait.

Chaque jeudi soir elle montait dans la Kangoo

déglinguée de l'association, à quelques-uns ils s'arrêtaient auprès de ceux qui dormaient dans la rue, et distribuaient — pas grand-chose. Des cafés, des soupes, des sourires, des boîtes de conserve. Un peu d'eux-mêmes.

Elle s'était dit bien souvent qu'il ne s'agissait pas de sauver quiconque. Non, juste d'offrir un début de choix, la première planche de secours s'ils choisissaient de s'extraire de leur enfer. Juste d'arracher quelques moments à l'ordre barbare des choses, les tisser de douceur humaine.

Mais.

Quelquefois elle était en colère. Prise d'une envie (scandaleuse, oui, sûrement, stupide, elle l'avouait) de les secouer.

L'infinie capacité de l'être humain à tout tolérer. L'exaspérante manie de se réduire à l'espace laissé à portée.

Encaisser, encore, toujours, et une petite rasade supplémentaire.

Increvable bête, l'âme humaine.

Écrasez-la, noyez-la, il en reste toujours quelque chose.

Ce soir elle était en colère, parce qu'un homme qu'elle voyait chaque semaine depuis quatre ans lui avait dit qu'il ne s'imaginait pas dormir dans une chambre, plus jamais.

Bien sûr, elle n'aurait pas dû. C'était trop facile, ces histoires de choix, quelle liberté une fois que la chute est entamée, elle le savait bien. Elle était surtout en colère contre elle, en colère face à cet espoir dont elle ne pouvait se prémunir, l'espoir comme une lèpre qui rongeait ses défenses, et que faisait-elle là, comme si elle en était capable, idiote qu'elle était.

Cette manie suicidaire de voir la lumière en tout être, et pas même l'excuse de la foi.

Alors voilà, elle s'autorisait cette rage dont elle ne dirait rien, ce tumulte en elle, la culpabilité d'assister à des noyades qu'elle prolongeait d'une soupe.

(4) Square Jean-XXIII

La vraie beauté n'a rien de péremptoire.

Notre-Dame n'est jamais si somptueuse que de dos, square Jean-XXIII. C'est là que son élégance éclate le mieux, le miracle d'une pierre parée de la grâce douce du givre, de la dentelle ou des choses fragiles.

Quand le soleil d'hiver l'habille, alors flamboie au plus vif sa blancheur.

Mon regard se prend aux reflets de la Seine. Toute eau mouvante est une invite.

Je n'aime jamais tant Paris que lorsqu'il est liseré de départs. Que lorsqu'il me suggère les trahisons possibles, les exils nécessaires. Un jour, c'est là, j'ai besoin de m'enfuir. Cette soif parfois — impérieuse, vitale, catégorique — d'un avion, d'un train, d'un rivage ou d'une montagne à gagner. D'un ciel qui ne soit pas vidé de ses astres, d'heures de solitude loin des foules trop semblables.

Je vois dans les rues clapoter les vagues d'Ouessant, tourner les dédales de Kiev, frémir les déserts silencieux. Ces beautés glanées au fil des envols passés et qui sont l'un de mes refuges. Je me souviens qu'il est absurde de ne rien savoir de tant de lieux aux noms étourdissants de promesses, tant de lieux arpentés par la seule pensée, îles Éoliennes, Santiago du Chili, Trieste.

Alors il est temps de partir. S'abandonner à l'euphorie du grand vent, de l'intranquillité, de cet ailleurs où se troublent et s'inventent nos propres frontières.

(10) Quai de Valmy

C'est soir de fête de la Musique. Pour la nuit les rues appartiennent à ceux qui s'égosillent, aux gratteurs de cordes. Saltimbanques amateurs ou de métier, ils ont tous les droits, ils se partagent la ville. Le tintamarre gagne, Paris se bastringue. Ils ont choisi leur scène de fortune au bord du Canal. Plus loin, quelques groupes pique-niquent, vident des bières.

Il s'avance et chante le premier.

C'est dommage après tout
J'aurais pu vous aimer
À me damner Madame

La peur l'étreint mais elle le rejoint.

C'est dommage après tout
J'aurais pu vous aimer
À mourir mon Cher

C'est la première fois qu'elle se produit en public, elle se laisse guider par son sourire, ils entonnent ensemble.

Il suffisait de peu
Il suffisait d'un jeu
De rein ou de regard

Mais nous n'avons pas su
Peut-être pas voulu
Détourner le hasard

C'est lui qui l'a encouragée, un soir où elle lui a montré les textes qu'elle écrivait.

Je suis si malhabile
À tracer mon chemin
Pourtant ils m'ont tant plu
Tes yeux d'enfant perdue

Elle a une voix chaude, une voix au bord de la brisure, une voix capiteuse mais elle l'ignorait avant qu'il ne le lui dise.

Il m'est si difficile
De trouver mon destin
Pourtant ils m'ont tant plu
Tes airs de chien battu

Elle avait besoin qu'il l'écoute pour qu'elle sache s'entendre.

Nous nous sommes frôlés
Et nos cœurs s'envolaient
Et nos corps s'emballaient

Mais nous n'avons pas su
Peut-être pas voulu
Détourner le hasard

Et elle en gardait la douce impression qu'il lui avait fait cadeau de sa voix.

Il me reste de toi
Ton parfum effleuré
Et une journée de mai

Quelques passants se sont attardés, bénis soient les désœuvrés et les flâneurs, la terre leur appartient.

Il me reste de toi
Ton regard de côté
Et un matin d'été

La panique de tout à l'heure s'est muée en joie, fleur de cactus à l'imprévisible beauté.

Il me reste de toi
Le regret quelquefois
D'avoir vécu sans joie

L'euphorie gagne à mesure que leurs voix s'entrelacent, elle accorde son tempo au sien, portée par les regards et la beauté des quais. La nuit est jeune encore.

ÉTÉ

(18) Rue Muller

S'égarer est un art de vivre. Une question de principe. Il faut laisser défiler les rues comme on devrait accueillir les êtres : sans rien attendre d'eux, je veux dire rien que l'on ait espéré à l'avance, pour mieux se laisser déployer leurs merveilles propres, dont jamais nous ne pouvons présager. Toute surprise est une promesse. Que dans la somnolence, la grisaille, le convenu, quelque chose ou quelqu'un nous fasse sursauter, et l'espoir est possible.

J'ai un plaisir sans doute absurde à passer devant le 11 de la rue Muller, à m'absorber dans cette vitrine où sont réunies les plus affreuses bêtes empaillées qu'il se puisse imaginer. C'est une laideur au carré : remplir de foin un cadavre est déjà une idée contestable, mais les maîtres des lieux ont sciemment (il ne peut en être autrement) collectionné les ratés. Un renard bigleux, un rat bicéphale, un autre qu'on a éventré pour que son poitrail s'ouvre sur un costume de superman. Leurs poules ont des dents. Pour ne rien dire de ces têtes de coq montées sur des corps de poupées Barbie. Or, de ce kitch superfétatoire surgit une étrangeté où rôdent Norman Bates et les muséums d'histoire naturelle de province, les savants fous et les lectures d'enfance, les surréalistes et les rites vaudous.

Je crois qu'on y fabrique des livres, autre artisanat suspect. Mais peu importe, au fond, ce qui s'y trame ou s'y vend. L'existence seule d'un tel lieu est une valeureuse protestation contre la modernité lisse, le bon goût et l'efficacité obligatoires.

Je n'ai jamais poussé la porte. Qui se cache derrière, je préfère l'imaginer.

(3) Rue des Filles-du-Calvaire

Il est tombé dans la ville souterraine, la ville obscure, la ville des sans-espoir et des invisibles.

Très vite, comme on glisse dans une fissure neigeuse presque imperceptible, comme on s'enlise dans des sables mouvants que rien ne distingue de bancs voisins et inoffensifs, et chaque gesticulation ne peut que vous tirer plus vite vers le fond.

Il est occupé à fouiller une poubelle, l'un de ces sacs verts transparents qui jalonnent les trottoirs, qu'il appelle des paniers de basket à cause de leur arceau rigide. Mais le secret, c'est de ne pas mettre de mots sur ce qu'il fait. Il est au-delà de ses gestes, ailleurs. Il est tombé sur un croissant, une moitié, encore dans son sachet de papier graisseux, il aurait préféré plus consistant, tant pis, cela fera l'affaire pour calmer les hurlements aigres de son estomac. La barbaque proteste, elle comprend mal qu'on la néglige à ce point — la calmer, parfois, il le faut.

Frais du jour, cela se sent, les miettes se décomposent en notes sucrées sur son palais, il mastique lentement, faire durer, sentir la nourriture glisser le long de l'œsophage, gonfler le ventre, annoncer au corps qu'il n'est pas foutu encore, on ne l'abandonne pas, on le carbure.

(1) Rue des Lavandières-Sainte-Opportune

C'était un amour étrangement déchirant, toujours en attente de sa propre blessure.

Son fils était absorbé par deux perroquets aux bleutés explosifs, derrière la vitre de l'animalerie. Il était rieur et surexcité comme rarement, lui disait mille choses sans suite, simplement pour le plaisir de babiller, de retenir son attention, de s'absorber l'un en l'autre. Quand il le prenait avec lui — un week-end sur deux et la moitié des vacances scolaires —, il s'efforçait toujours de lui donner tout son temps, il avait la folie de le rendre joyeux seconde après seconde, de faire ces heures pleines pour compenser toutes celles gaspillées loin de lui. On lui disait qu'il en faisait trop, mais il n'avait jamais aimé les comptables du cœur, ceux qui enserrent les sentiments dans des limites acceptables. Ils décidèrent que les perroquets séparés par les cages s'appelaient Aglaé et Sigismond et vivaient une passion grandement contrariée par les barreaux entre eux.

La rue était si déserte qu'on l'aurait dite piétonne, dans la ville abandonnée du mois d'août. Son fils y courut en tous sens, cette folle énergie qu'il avait à dépenser, toujours, et toujours revenant échouer dans ses bras, hoquetant, essoufflé, avant une nouvelle chevauchée.

Son fils, si scandaleusement, si démesurément fragile et friable aux aspérités du monde.

(2) Rue de la Lune

Un jour, elle avait disparu, simplement pour voir si quelqu'un partirait à sa recherche.

Personne.

(19) Place des Fêtes

Il regardait les ridicules arbrisseaux qui tentaient de surgir de la place, protégés par leurs grilles de fer, les fragiles. Tout casser pour implanter des arbres nains, franchement, pour quoi faire, gaspillage d'argent public, fumeuse idée municipale. Ils allaient crever avant terme, c'était sûr, il le voyait à leur allure souffreteuse, à ces feuilles chafouines qui n'osaient pas se prononcer pour le vert et tiraient vers un jaune maladif, à ces branches pendantes comme des bras vaincus. Végétaux en déroute. Il avait commandé un crème, drôle d'idée, il n'en prenait jamais. Les crèmes, c'était elle. Il prit une gorgée, se brûla, fit la grimace. Amer, ce truc.

Les matins étaient difficiles. À cause du rite perdu. Ils prenaient un café ensemble, avant qu'elle ne s'échappe, pour ses journées sans lui. Au fond il ne comprenait pas bien l'intérêt de toutes ces heures passées sans elle, pourquoi devait-elle ainsi s'agiter, tourbillonner ? Bon. Il savait bien que tout cela n'était guère avouable. D'ailleurs, il aimait la voir joyeuse. Et puis, le soir, ils se retrouvaient, elle lui racontait. Il avait soif de ces riens, les querelles de bureau et les guerres de machines à café, cela lui permettait d'imaginer. Sa vie sans lui.

Et puis il y avait eu un dernier matin, mais il ne l'avait pas su tout de suite. Quelque chose tremblait dans ses yeux à elle, moins qu'une larme, à peine un regret. Elle avait de la peine pour lui et c'était insultant. Il y en avait un autre, sûrement, mais elle niait, sans doute pour le protéger, il l'imaginait se dire ça dans sa conscience bien rangée, ne pas lui faire plus de mal en lui disant tout, mais qu'est-ce qu'elle croyait ? C'était comme tirer à bout portant sur un pauvre couillon qui ne s'y attendait pas et refuser de l'achever. Le regarder se vider de son sang avec compassion, voilà tout ce qu'elle savait faire. Mais elle ne voulait pas être éclaboussée, elle s'était mise à pleurer quand il l'avait suppliée, il ne savait même plus de quoi.

Le malheur n'est qu'une habitude à prendre, se dit-il. Apprendre à vivre dans un monde sans elle, seconde après seconde, et puis un jour, un matin, je me rendrais compte que c'est bon de prendre mon café tout seul, dans la volupté du silence et des pensées pour soi-même. Elle parlait trop, c'est évident. Ô, le son de sa voix, ce grain de poivre, ce frôlement qui l'enveloppait et le jetait au creux de ses mains, mais non, cesser de succomber aux regrets de gare, à cette écœurante chute. Être un homme, un homme qui désire les inconnues effleurées, leur ment, se délecte de leurs corps, les congédie. N'importe quel autre homme que celui qu'il était, un faible, un amoureux, un imbécile, oui. Sombre stupidité des sentiments à sens unique. D'ailleurs, elle était trop maigre, la peau sur les os, il était temps de passer à des callipyges, des chairs pleines, ce n'est pas pour rien qu'on dit des formes généreuses, elle était avare d'elle-même, voilà, corps de moineau, si peu à étreindre. Un matin, promis, il aurait oublié cette garce. Il aurait oublié qu'elle aimait caresser le bord de ses paupières, là où naissaient les premières promesses de rides, et on aurait dit qu'elle le caressait aussi du regard, oublié qu'elle ne finissait jamais tout à fait ses cafés, oublié que son rire volait haut comme celui d'une enfant. C'est simple, il se souvenait déjà à peine que ses yeux bleus étaient pailletés de gris, pas plus qu'il ne se rappelait ces grains de beauté qui dessinaient un triangle au creux de son bras.

(5) Rue Mouffetard

C'était dimanche, puisqu'il était là. Chaque fois, sortir ensemble dans la rue ressemblait davantage à une aventure. Périlleuse, incertaine. Elle se lovait contre lui, si chétive, son bras appuyé sur le sien, il la sentait vaciller à chaque pas, dans cette vulnérabilité absolue, à laquelle il ne s'habituait pas. Toujours elle lui disait qu'il avait grandi, et il avait beau lui répéter qu'à vingt-deux ans ce n'était plus possible, elle le regardait, chaque fois incrédule face à ce beau garçon à la croissance prodigieuse, infinie. Elle le regardait, et elle le voyait nourrisson fragile contre sa peau, petit garçon intrépide et chapardeur, adolescent qui ne venait que chez elle raconter ses chagrins d'amour, jeune homme dont elle protégeait les rêves déraisonnables. L'amour embrasse tous les temps en un regard. Elle avait été plus proche de ce doux rêveur, son petit-fils, que de ses propres enfants, trop occupée qu'elle était à tenter de les élever au mieux.

Chaque pas était une épreuve, une petite victoire au terme d'une bataille infiniment lente, les pavés étaient traîtres, et la rue en pente trop dure pour elle, et pourtant elle y tenait. Il était ce qui lui restait de vie, à son âge qui lui semblait souvent grotesquement avancé, et qu'avait-elle bien pu faire de tant d'années ? Elle lui racontait sa rue, celle qui n'existait plus, gouailleuse, populeuse, une rue Mouffetard un peu canaille dont elle avait la nostalgie, aussi lointaine et inaccessible que sa jeunesse. Elle n'existait plus qu'à peine, et toujours à contretemps. Les heures anciennes se faisaient plus proches qu'une conversation entendue la veille, un brouillard semblait nimber les idées les plus simples, les mots se refusaient. Heureusement venait le dimanche, et la certitude qu'il existait peu d'aussi grand amour que le leur.

(15) Rue du Sommet-des-Alpes

Trois fois qu'il passe et repasse dans cette rue. Dans ce quartier qu'il sait par cœur, ce quartier de son enfance. C'est son âme qui tourne en rond. Depuis qu'il n'est plus chez lui dans son corps, le monde entier lui est dédale. Cette maladie qu'il est devenu, puisqu'il la sent peser dans le regard de tous. Quand ils l'observent, c'est elle qu'ils jaugent. Lui aussi ne voit qu'elle dans son ventre gonflé, ses jointures lourdes. Et cette fragilité à tous les vents qui passent, microbes, épidémies, la plus minuscule paille l'entrave et le blesse.

Il n'y a que sur scène. Tout à l'heure, dans la lumière. Il sera désencombré, fort, léger enfin. Là seulement il se retrouve. Il suffit qu'il sorte de cette rue, qu'il trouve le chemin du théâtre, son havre, son salut. Que cesse l'errance, enfin.

(4) Rue Saint-Antoine

Quand elle passe devant les marches de l'église Saint-Paul, sous la vieille horloge, elle revoit toujours la petite fille qu'elle était en cette neige d'hiver d'il y a tant d'années, à l'heure où le jour sombre, à la sortie de l'école. La petite fille sanglote. Elle voudrait s'approcher la prendre dans ses bras caresser ses cheveux. Elle aimerait lui parler de tous ceux qui l'attendent aux quatre coins de l'avenir. Elle voudrait lui raconter cette famille qu'elle s'inventera de bric et de broc. Lui dire que les amis seront extravagants et doux et qu'ils la protégeront. Surtout il serait bon de lui conter combien les hommes sont merveilleux. Les siens surtout. Qu'ils seront fragiles faillibles et faibles, étranges et fous, qu'ils l'aimeront mal et à contretemps mais qu'ils seront son foyer. Le seul qui vaille. La grâce absolue de leurs gestes, leurs regards qui lui donneront raison d'exister en ce monde, la splendeur des fêtes partagées, cette joie sauvage, éblouie, chaque fois.

Mais la petite fille sanglote, éperdue, hoquetante, à jamais inconsolée dans la blancheur de cet hiver qui ne peut pas finir.

(12) Place de la Bastille

On mesure mal la perversité des objets. La collision malencontreuse, au saut du lit, entre son pied gauche et ses lunettes n'était pas un hasard.

Mais, de toute évidence, le fruit d'un plan délibéré de la paire machiavélique et suicidaire. Or, à trente-quatre ans, il était profondément, désespérément et violemment myope. Sortir dans la rue pour tenter d'apitoyer son opticien, c'était se plonger dans un brouillard non dénué de charme certes, Paris semblait sur le point de se dissoudre, elle devenait Londres ou Venise, ces villes aux puissantes capacités de disparition, un brouillard non dénué de charme certes mais semé d'embûches, de trébuchages et autres pièges.

Le cirque des voitures rugissait autour de lui. Il se concentrait sur l'ange de la Bastille quand les bruits d'un klaxon et d'un coup de frein se télescopèrent avec la sensation d'une main sur son épaule, qui tentait de le retenir, de l'appeler, de le ramener du bon côté de la vie. Un instant de confusion heureuse.

Ne vous faites pas écraser, lui dit la silhouette, gracieuse, à laquelle appartenait la main, petite.

J'ai cassé mes lunettes et je n'y vois rien, confessa-t-il.

Elle rit, un rire qui explosa en fines bulles de joie et le réchauffa.

Vous pourrez toujours prétendre qu'une très jolie femme vous a sauvé la vie alors. (Elle fut la première surprise de cette sortie, qui ne lui ressemblait pas. La double impunité de parler à un inconnu et à un aveugle transitoire, peut-être. Ou l'un de ces coups d'éclat des timides, qui, ne pariant pas souvent, misent tout sur une carte.)

Une très jolie femme qui ressemble à un tableau pointilliste, osa-t-il.

Ils se sourient dans la brume, et entrent dans un café, où nous ne les suivrons pas.

(11) Avenue de Charonne

Au fond il suffirait de la tuer, se dit-il brusquement.

Il embrasse la rue d'un regard étonné. Les passants qui s'affairaient, le bitume humide, les platanes nus. L'indifférence du monde n'avait pas vacillé d'un iota.

Pour la première fois depuis des semaines, peut-être pour la première fois de sa vie, il se sentit heureux. Un bonheur somptueux, et si pur. Il savait ce qu'il avait à faire désormais.

Devant lui, une vieille dame sortait d'une boulangerie, elle fit tomber son porte-monnaie.

Il s'empressa, lui tendit les pièces cherchées une à une.

On ne peut pas désespérer totalement de l'humanité, se dit la dame.

(13) Rue Marguerite-Duras

Un terrain vague grignote ce quartier en attente de lui-même. Dans quelques mois un immeuble surgira de terre.

Puisque certain plaisantin a estimé que la forme d'une ville changeait plus vite que le cœur d'un mortel, je guette avec amitié les striures jaunes des grues, je couve du regard les palissades de chantier, je fais de l'œil aux bétonneuses.

Ces métamorphoses, cette agitation brouillonne, j'espère y voir le reflet des lames de fond qui s'annoncent en moi. Les périodes de démolition sont toujours mélancoliques, celles de fondation ennuyeuses. Mais il suffit d'attendre. Bientôt viendra le temps d'édifier l'Alhambra.

(5) Rue Champollion

Il sort du cinéma, un peu sonné, comme s'il venait d'apprendre sur lui-même quelque chose d'essentiel. Le film était gai, paraît-il. Il se souvient de l'avoir vu avec joie autrefois. Débauche de couleurs et de chansons. Pellicule pastel. Dans la salle déserte de cette séance d'après-midi, il cherchait une bulle de bonheur, elle lui était due, ce jour-là, il réclamait sa part. D'où vient alors son vertige, ce voile de tristesse ?

Ce qui le trouble, c'est qu'il vient d'assister au plus beau coup de foudre de l'histoire du cinéma, et qu'il s'est produit hors de l'écran. La danseuse et le peintre passent tout un film à se frôler, se chercher, s'espérer. Aucun amour ne saurait être plus vaste que le leur puisqu'ils se sont rêvés l'un l'autre. Comme ce type doit m'aimer puisqu'il m'a inventée, dit-elle — il a dessiné son portrait sans la connaître. Lorsqu'ils se rencontrent enfin, c'est hors de l'œil de la caméra, dans un camion qui s'éloigne.

Il a l'impression que sa vie se déroule ainsi : il y a parfois des instants prometteurs, des minutes qui sur le moment paraissent lourdes de conséquences heureuses ou au moins dramatiques. Et pourtant l'essentiel se passe hors de sa portée, dans la distance brumeuse du souvenir de ce qui ne s'est pas encore produit.

Il ignore où sont passées les heures décisives de son existence. De quoi pourrait-il bien se saisir, dans l'opacité laiteuse de ce quotidien dont il est le jouet dérouté ?

(7) Rue de Verneuil

Pour certaines âmes sentimentales et vagabondes les villes sont hantées. Je ne peux marcher rue du Bac sans un coup de chapeau à Romain Gary, rue Campagne-Première sans voir courir Belmondo sous l'œil de Godard, rue des Vignes sans une pensée amicale pour la haute carcasse de Zoran Mušič. Je ne suis pas seule à me bercer à ces temps parallèles, invisibles à l'œil de qui ne sait pas rêver.

Les rues sont emplies de pèlerins venus embrasser la tombe d'Oscar Wilde, boire un coup à la santé de Jim Morrison, déposer des fleurs pont de l'Alma en hommage à une princesse malchanceuse.

Depuis San Francisco, il a aimé Paris pour ses

musiques. Aujourd'hui, il est venu saluer Gainsbourg. Il entraîne sa petite amie rue de Verneuil. Elle accède volontiers à ses caprices — ils sont si jeunes. Tout à l'heure ils iront au musée d'Orsay, juste à côté, elle y tient. Là, ils observent les graffitis, ces traces d'amour posthume, ce joli désordre dans cette rue si propre, si convenable. Ils n'en sont pas à se demander si ces fleurs, ces inscriptions enterrent le chanteur sous le kitch, ce sont là des pensées blasées et tristes. Ils sont heureux que le souvenir prenne forme, qu'il se partage et s'offre à chacun. Ce soir, ils partageront ses chansons, un écouteur chacun et leurs joues posées l'une contre l'autre, il lui traduira comme il pourra, lui apprendra quelques mots de français, ne vous déplaise, cela la fait rire et elle a un rire qui va bien avec ses yeux. Ils inventeront des pas de javanaise. Il lui racontera encore comment Gainsbourg a aimé la plus belle femme du monde, souveraine, insolente, fragile à se briser, il lui dira comment cet homme, l'élégance et le charme mêmes, a forgé la légende de sa propre laideur. Puis il lui dira qu'il aime la plus belle fille du monde lui aussi, pour bien plus longtemps que le temps d'une chanson, ils savoureront la nuit et lui rendront justice avant de tomber de sommeil au matin, tomber très doucement dans les bras l'un de l'autre, blottis dans leur joie, avant de se réveiller dans cette ville qu'ils ont rêvée à distance et qui a le talent de ne pas les décevoir.

(7) Rue de la Comète

Il y a ces cafés où la vie se déroule à distance, comme dans un film de Claude Sautet. On ne sait pas bien pourquoi on n'entre pas dans cette chaleur où brille une femme, la seule vivante, la seule qui. Non. On reste à regarder en mendiant inquiet, on se demande quel est le timbre de sa voix et s'il y a sur son corps de ces grains de beauté qu'on aurait pu chérir.

Il faut partir, elle pourrait apercevoir ce fou avide de miettes d'elle.

De ce rêve volé on s'arrache un peu plus triste. L'espoir, parfois, appauvrit.

(8) Place du Guatemala

Les statues voyagent aussi bien que les gens. À leur rythme de pierre, nonchalant et imprévisible.

L'éléphant qui trompetait dans les jardins du Trocadéro accueille désormais les visiteurs d'Orsay, où l'a rejoint son compagnon rhinocéros. Victor Hugo qui paressait sur la place du Palais-Royal s'étire au musée Rodin. Alfred de Musset, traître à la cause théâtrale, a abandonné la Comédie-Française pour le parc Monceau. Le Jules Simon triomphant de la place de la Madeleine, à qui plusieurs intellectuels donnaient en 1919 la palme du monument le plus laid de Paris, a migré discrètement à l'ombre de l'église Saint-Augustin. Se sent-il seul à présent, en disgrâce ?

(20) Rue de la Mare

Elle déteste pleurer dans la rue. Ce vieil instinct de politesse, cette folie de faire bonne figure, s'effondrer, d'accord, croire mourir, admettons, mais jamais en public. Ce qu'il faudrait, c'est se concentrer sur autre chose. Aperçu sur une couverture dans la vitrine d'une librairie, un tatou vint pointer le bout de son museau dans son esprit morose. Elle suivit sa piste.

Au dix-septième siècle, Athanasius Kircher, l'homme le plus érudit de son temps peut-être, était fermement convaincu qu'une girafe était le résultat de l'accouplement d'un chameau et d'une panthère, une tortue le croisement d'un tatou et d'un hérisson. Ce n'était pas une marque de stupidité, mais une question de perspective. Il était simplement placé à un point de l'espace et du temps où une telle croyance pouvait ne pas être l'œuvre d'un fou. C'est la même chose en amour. Nous ne sommes pas au bon endroit de l'Histoire. Nous voyons une créature fabuleuse là où il n'y a qu'un humain taillé sur le modèle de milliards d'autres, deux pieds, deux yeux, et tout ce qui s'ensuit, pas de quoi crier au miracle vraiment. Par malchance, nous ne pouvons nous extraire du cours du temps, lire notre vie à la troisième personne.

Il y a quelques années, elle ignorait qu'il existait. Dans quelques années, elle pourrait penser à lui sans vaciller. Il serait devenu un charmant souvenir qui sait. Elle serait peut-être même capable de recenser les failles de cet homme impossible, cet homme qui ne savait pas ce qu'il voulait, ce salaud que bientôt elle trouverait très ordinaire. Ce n'était qu'en raison d'une défaillance de sa propre machine interne à voyager dans le temps qu'elle s'imaginait que sans lui elle ne saurait pas vivre. S'imaginait que la perte de sa gaieté endeuillait le monde, que sans l'éclat de ses yeux ses jours seraient incolores désormais. Si banale tristesse, alors qu'il existait tant de cataclysmes de respectables proportions, c'était grotesque, et voilà tout. Deux petites filles la bousculèrent en sortant de l'école en cavalcade joyeuse. Elle gagna la rue des Pyrénées où sur un banc, elle laissa son chagrin s'habiller de toutes les larmes qui lui étaient nécessaires.

(11) Rue de Lappe

Elle est sortie du café sans même enlever son tablier. La voilà dans la rue, c'est trop tard. Il n'y a pas de retour en arrière possible. Elle cavale, comme si elle risquait d'être poursuivie. C'est sa grande évasion, son heure de gloire. L'air s'engouffre en elle, elle glisse. Quatre mois déjà que venir travailler était — l'enfer, ça ne veut rien dire. Calvaire, cauchemar, calamités et cataclysmes. Serveuse, elle aimait ça. Le mouvement, les conversations à la volée. C'était fatigant, oui, mais elle avait l'habitude. Le problème, c'était lui. Son salaud monstre malfaisant crétin de chef.

C'était difficile à décrire avec précision, cela glissait entre les mots, quand elle en parlait elle avait du mal à faire comprendre pourquoi, pourquoi elle n'y résisterait pas. Pourquoi les larmes à la fin de la journée, les haut-le-cœur avant de partir le matin. Pourquoi soudain nauséeuse, migraineuse, insomniaque. Parce que c'était un travail de sape de chaque seconde. Des ordres crétins, des remarques insidieuses, tout le temps. Des cris. Ces critiques devant elle comme si elle avait cessé d'être visible, juste un mur, une table de plus dans le décor. Mépris sur mépris. Et puis cette idée de leur faire porter un tablier. Elle s'était mise à casser des verres, à renverser des cafés, tellement l'autre semblait s'attendre à ce qu'elle le fasse.

Alors tout à l'heure, quand l'enflure lui avait reproché de ne pas avoir souri à un vieil emmerdeur, le genre visqueux, elle n'avait pas répondu. Elle avait marché posément vers la porte, avait attrapé au passage son sac derrière le comptoir de zinc. Et elle était sortie pour ne plus revenir. Elle n'avait rien décidé à l'avance, elle était encore toute surprise, stupéfaite d'avoir couvé sans le savoir son petit coup d'éclat. Ça allait lui coûter cher, sûrement, abandon de poste, elle pouvait dire au revoir à sa paie de la journée, à ses indemnités, l'autre n'allait pas la rater. Les ennuis commençaient, mais pour quelques heures, quelques minutes, le temps qu'elle se fatigue de courir, elle était heureuse. Libre. Et pas mal fière d'elle-même. Elle jeta le tablier dans le caniveau, et le laissa dériver.

(18) Rue de Tombouctou

Quand me heurte cette rue où je vivais autrefois, j'ai toujours la tentation de passer le seuil de l'immeuble où j'habitais. Je voudrais monter les marches, et retrouver cet homme qui m'aimait alors. Me réfugier à cette tendresse que n'avait encore enlaidie aucun de nos renoncements. J'étais si jeune, ce fut une autre enfance heureuse.

J'aimerais que le passé soit une maison de campagne où s'enfuir pour quelques jours. J'aimerais que le passé soit une villégiature où faire les cent coups sans mettre en péril le bel aujourd'hui. Mais ce n'est qu'un pays pas même étranger, un pays rasé où l'on ne peut qu'errer au milieu des décombres. Le passé est une terre dont on a été expulsé sans pouvoir emmener les siens.

(10) Rue Dieu

Elle a un visage fardé de vieille grenouille. Toujours impeccablement mise, toujours le rouge aux lèvres, et les bijoux assortis.

C'est un miracle, un exploit plus qu'humain.

Elle n'est plus à la rue, plus tout à fait. Elle dort dans un de ces bouges transitoires, marchands de sommeil, faux hôtels hors de prix pour ceux qui n'ont pas d'autre choix.

Sa chambre est battue par les vents, un néon, dehors, éclaire toute la nuit la sale peinture écaillée.

Elle a soixante ans mais sa peau est assassinée de rides, on lui donnerait une décade de plus, croyant lui faire plaisir.

Et pourtant, elle ne renonce pas.

Sa coquetterie est belle, c'est le fil qui l'attache à la vie.

Ce besoin obstiné de pouvoir se regarder en face.

Il y a un homme dans sa vie.

Un fou — barge, frappadingue, abîmé sans retour par des années de légion, et pas sûr qu'avant il ait tourné très rond.

Cet homme la frappe. Empoche son RSA. Avec

l'argent, mélange l'alcool à ces médicaments qui tiennent la dinguerie en laisse, et frappe à nouveau.

L'assistante sociale a envie de lui dire de quitter cette sale petite frappe, mais — elle n'est pas là pour ça. Et elle a vingt-huit ans. Elle sait que pour elle, si l'envie d'un homme devenait intolérable, le besoin d'une autre peau contre la sienne, elle pourrait y remédier. Elle se dit qu'il n'y a pas d'absolue solitude du corps quand on a vingt-huit ans et qu'on n'est pas laide. Il suffirait de descendre dans la rue, dans un bar, un café. D'attendre le sourire qui accroche, et s'agripper à des bras, une bouche, s'y noyer, pour conjurer la nuit en soi.

Alors que dire à cette naufragée, cette sursitaire, si elle prend à bras-le-corps le dernier Cythère qu'elle puisse encore se permettre ? Ce fantôme de couple, cette dérision d'histoire d'amour, c'est toujours ça de pris, quand on n'a pas les moyens pour autre chose.

C'est difficile de ne pas brader son âme, difficile de ne pas se contenter des premiers secours quand on sait que la guérison est impossible. Morale de perdant ? Oui, ou de survivant.

Alors l'assistante sociale la laisse parler, remplit quelques papiers. Elles reprennent rendez-vous.

De la rue, on les voit converser, gravement, il y a de la douceur dans leurs gestes, à travers la fenêtre ouverte des bribes de leur conversation volettent dans un parfum d'été.

(14) Cimetière du Montparnasse

Ce qu'il allait perdre en premier, ce serait son odeur. Puis le déserterait la nuance exacte du vert de ses yeux, et du grain de sa peau.

Déjà elle se nimbait d'une perfection suspecte, de ce voile diaphane qu'il haïssait par avance. Il suspectait qu'on ne parlerait plus jamais d'elle qu'en baissant la voix.

Veuf, quel mot ridicule, à son âge.

(17) Cité des Fleurs

Chaque fois, il faut les convaincre de ne pas sauter. Entre le feu et le vide, allez savoir pourquoi, ils préfèrent jouer les fils de l'air. S'écraser plutôt que flamber. Céder enfin au vertige, à la soif du grand plongeon. Pourtant le résultat n'est pas beau à voir — quelquefois, des images qu'il croyait enfuies le réveillent la nuit.

Rebelote cette nuit. Cette fille, de son septième étage, pas une chance de s'en tirer. Et pourtant, pendant qu'ils sont en train de monter l'échelle, il la sent qui panique, qui lorgne vers les pavés. L'instinct, quelle vieille saloperie. La fumée monte, les voisins sont aux fenêtres, ou massés dans la cour. La manœuvre est difficile, c'est trop étroit, le camion ne passait pas. Il crie, il se rapproche d'elle peu à peu. Il faut l'enrouler dans sa voix, toile d'araignée, une fausse note et il pourrait la perdre, chez lui aussi l'angoisse monte, les collègues sont fébriles. Enfin ils sont près d'elle. Il la touche, enfin. Elle pose un pied sur l'échelle, étourdie, sonnée.

Pompier, il se disait souvent qu'il allait arrêter.

Il replongeait toujours.

(16) Esplanade du Trocadéro

Elles n'ont jamais été si gaies, ni si folles. L'une brune, l'autre blonde. Du haut de leurs quinze ans, Paris brille à leurs pieds. L'avenir, aussi. C'est un soir où rien ne leur est impossible. Le ciel palpite d'une brise sucrée. Elles vident une bouteille de malibu ananas en riant aux éclats, trop fort, et sans raison. La blonde raconte que, petite, elle allait au musée de l'Homme, juste au-dessus, et que les têtes réduites jivaros la terrifiaient, et pourtant elle ne pouvait en détacher les yeux, comme de ces bocaux où flottaient des fœtus racornis. Elles frissonnent, gloussent, soldent les dernières terreurs de l'enfance. La brune explique que dans le bus, un vieux de vingt-cinq ans lui a parlé, il lui a proposé de le suivre chez lui, tout de suite, comme ça, et elle qui a toujours tant détesté qu'on la presse, détesté qu'on insiste, elle était tentée, cela semblait si facile sur le coup de passer de l'autre côté d'elle-même, entrer dans une nouvelle ère, simplement et sans le dire au type qui n'y aurait rien compris. Elles se taisent. Je ne l'ai pas suivi, redit la brune, surtout pour elle-même. La vénérable dame de fer envoie des éclairs bleutés, si proche, écrasante et aérienne.

(20) Boulevard de Ménilmontant

Devant sa roulotte, aux portes du Père-Lachaise, le dernier mage de Paris prend une bouffée d'air avant le prochain client. Il arrose ses plantes vertes, qui fastueusement accueillent le chaland et dont il prend un soin jaloux. Tout à l'heure, il prédira à une femme son destin amoureux, qu'il lira dans les cartes. Ses parents étaient forains, mais son don, il le tient de sa grand-mère. Il fait tourner un pendule mais refuse d'entrer en dialogue avec les esprits des morts. Le futur est son royaume. Seuls son avenir et celui de ses proches lui demeurent opaques, illisibles, embrouillés. Les dieux sont facétieux.

Le Paris de la rencontre magique n'est pas mort. Les anges et les fées rôdent. Les sphinx du bord de Seine en sont complices. La foi ne l'a pas déserté, du moins de petites fois modestes. Mais il faut ouvrir l'œil, voir l'irrationnel frayer son chemin dans la ville des Lumières. La diseuse de bonne aventure, qui agrippe la main des passants dans le Quartier latin. Les marabouts de la Goutte d'Or. Les joueurs de bingo des bistros. Et les inconnus qui se rencontrent sur la vague promesse d'une photo et de quelques mots échangés en ligne.

L'espoir sans folie n'est pas l'espoir. L'optimisme le plus ardent et le désespoir sans fond sont proches parents, revers inversés de la même médaille. La magie est chose fragile. C'est pourquoi il importe que ceux qui ont le privilège et la responsabilité de croire en elle la traitent avec des égards d'enfant malade, d'oiseau tombé du nid.

J'ai choisi mon camp. Je crois en un monde où les licornes ne sont pas des narvals, où ce sont les lamantins qui n'existent pas. J'attends le rayon vert.

Ce n'est plus tout à fait de mon âge, sans doute. Peu importe. Le contretemps m'est une vieille habitude.

(6) Rue de l'Hirondelle

Dans la pénombre ardente, on jurerait que la déesse de bronze de la fontaine Saint-Michel est perchée sur la branche du platane du boulevard.

Il l'entraîne sous les arcades, dans la ruelle, à cette heure personne à scandaliser, personne pour troubler leurs plaisirs chapardés. Tout juste un réverbère pour éclairer la scène, sous la lune pleine et rousse. Ils s'enroulent l'un à l'autre, s'embrassent, tanguent. Dans l'ombre d'un porche, elle sent le bois d'une vieille porte contre le tissu fin de sa robe. La main de l'homme glisse le long de sa jambe. Un mois qu'elle le connaît et qu'elle s'incendie. Elle savait à peine, avant, que la peau d'un homme pouvait si férocement brûler. Elle sent la main qui s'aventure, plus haut, prend possession d'elle, si doucement, avec tant de lenteur. De lui, chaque frôlement l'affole. L'incandescence gagne. Elle pose ses dents contre son cou, goûte le creux de son épaule, respire sa beauté. Tout son corps lui semble une merveille, son corps fiévreux, mince, un corps vertigineux. Elle tremble. Amour. Le mot ondoie entre eux, et elle s'en fout, les noms, aucune importance, seuls parfois comptent les adjectifs. Les contours de son corps se dissolvent. Ce qu'elle protège en elle depuis un mois, et peu en importe le nom, est sauvage, tendre, violent, et si gai. Des vagues de joie ondoient le long de sa peau. Jamais elle n'a eu autant d'amitié pour son propre corps, ce corps qu'il désire, à sa grande incrédulité. Elle n'est plus qu'un point, avide, aveugle, au creux d'elle-même. Et pourtant si légère depuis qu'elle le connaît, depuis qu'il est entré un jour dans une pièce, l'a regardée, et plus rien à lui refuser, dès cette première seconde.

Elle s'arque contre lui. Les heures passées loin de lui sont grises, ensommeillées, à peine rehaussées par l'obsession, plus elle le touche moins elle est rassasiée. Elle n'est plus qu'une attente, toujours cet instant où le plaisir pourrait ne pas survenir, à l'extrême bord de l'extase, terreur. Elle voudrait que leurs peaux cessent d'être si étrangères l'une à l'autre, se confondent, elle voudrait naufrager en lui. Soudain cela arrive, elle bascule. La nuit tournoie, explose, la submerge. Il lui sourit. Personne, à cette heure, dans les rues, personne sinon eux, et à peine sont-ils deux. Une heure qui n'existe pas, volée dans une ville endormie.

Le passage « Rue de la Grande-Truanderie » est inspiré du travail de l'artiste Invader (http://www.space-invaders.com/home/), « Rue de l'Équerre » de celui de Philippe Hérard (http://phherard.wix.com).

Merci à eux.

Au 11 rue Muller logent les Éditions Baleine.

La citation de Cesare Pavese dans « Place des Vosges » est extraite du *Métier de vivre* (traduit de l'italien par Michel Arnaud et Martin Rueff, Folio n° 5652).

Merci à Roger Grenier.

Merci à Jean-Philippe Rossignol pour ses conseils plus que précieux.

Pour leur lecture bienveillante, merci à Elsa Decrette, Stéphanie Dupays, Anne-Marie Gillet, Dan Israel,

Fabrice Lardreau, Juliette Laurent, Élise Lépine, Valérie Leroy, Nicolas Malais, Nelly Nahon, Monique et Philippe Pujas.

Merci à François Régnier et aux équipes passées et présentes de la maraude du jeudi.

Composition In Folio.
Achevé d'imprimer
par l'Imprimerie Floch
à Mayenne, le 21 septembre 2015.
Dépôt légal : septembre 2015.
Numéro d'imprimeur : 88787.
ISBN 978-2-07-011465-8 / Imprimé en France.

292099